Daniel Schuppli

AF193976

Du kannst die Wahrheit selbst entdecken!

Daniel Schuppli

Du kannst die Wahrheit selbst entdecken!

Dies ist eine Anregung für Menschen, die sich über die wichtigsten Fragen des Lebens selbst Gedanken machen wollen und sich nicht einfach von den Wissenschaften, Medien und vom Mainstream bestimmen lassen möchten.

Impressum

Bibliografische Information der Deutschen Nationalbibliothek:
Die Deutsche Nationalbibliothek verzeichnet diese Publikation
in der Deutschen Nationalbibliografie; detaillierte
bibliografische Daten sind im Internet über http://dnb.dnb.de
abrufbar.

Lektorat und Korrektorat: Christoph Keller, Lommiswil, CH

Die Zitate aus der Bibel stammen aus der Elberfelder
Übersetzung (Version 1.2 von bibelkommentare.de)

Titelbild: vom Autor

Herstellung und Verlag: BoD – Books on Demand,
Norderstedt

ISBN: 9783754328620

Einleitung

Die grundlegende Wahrheit kann nicht von den Wissenschaftlern, Philosophen, Theologen, sonstigen Akademikern, Politikern und vor allem nicht von den Medien abhängen!

Ich habe das Buch bewusst in einer Art von persönlicher Dialogform geschrieben und erlaube mir, Sie lieber Leser, wie ein Freund mit «Du» anzusprechen.

Die Wahrheit des Lebens sollte jeder selbst durch eigenes Nachdenken und Überprüfen entdecken können!

Dies ist eine Herausforderung, um einmal alles, was Dir gelehrt wurde und was Du gehört hast, zur Seite zu legen, um sozusagen nochmals bei «0» anzufangen und der Frage nach dem Ursprung der Dinge und dem Leben durch eigenes Beobachten, Nachdenken und Überprüfen nachzugehen!

Ich habe mir dazu Fragen gestellt, die einem als Mensch einfach kommen müssen, teilweise ganz banale, wie z.B. warum es so viele Sprachen in der Welt gibt oder warum wir eine 7- Tage-Woche haben. Die grundlegend wichtigste Frage ist aber die Ursprungsfrage, von der alles weitere abgeleitet wird.

In den folgenden Kapiteln habe ich meine Überlegungen dargelegt. Es handelt sich nicht um eine wissenschaftliche Studie, sondern bewusst um eine Darlegung einfacher Gedanken mit dem Hintergrund meiner Erfahrungen und meines beschränkten Wissens. Aus diesem Grund sind keine Referenzen angegeben.

Es geht um Dein Leben! Lass es nicht von Anderen oder den Medien bestimmen!

I

Der Inhalt ist so aufgebaut, dass es von Anfang bis zum Schluss zu lesen ist, insbesondere sind Kapitel 1 und 2 die Grundlage.

Schänis, im Januar 2021

Daniel Schuppli

Bedankung

Für die kompetente und sorgfältige Korrektur meines Skriptes mit allzu «schweizerdeutschen» Formulierungen, bedanke ich mich herzlich bei meinem lieben und sprachgebildeten Cousin, Christoph Keller!

Inhalt

III

Warum kann der Mensch denken und kreativ tätig sein?

Warum ist die Natur nicht nur nützlich eingerichtet, sondern auch von grosser Schönheit und das Essen schmackhaft?

Warum gibt es eine 7-Tage-Woche mit 6 Tage Arbeit und einem Ruhetag?

Wie und woraus hat Gott den Menschen geschaffen?

Wozu hat Gott dem Menschen den Garten Eden gegeben und was soll er darin machen?

Hat der Mensch einen freien Willen oder ist er nur eine Marionette oder wie ein programmierter Roboter?

Wer gab den Tieren die Namen?

Wie ist die Frau entstanden?

War der Mensch von Anfang an bekleidet?

Woher kommt das Böse in der Welt?

Warum gibt es Leiden, Krankheiten und der Tod?

Warum tragen die Menschen Kleidung?

Warum kennt der Mensch Angst?

Warum müssen wir sterben und gibt es den Tod?

Warum müssen wir, um das tägliche Brot zu verdienen, gewöhnlich hart arbeiten?

Warum kennen viele Völker in ihren religiösen Ritualen das Opfer von Tieren oder gar von Menschen, um die Sünde zu tilgen oder einen Fluch abzuwenden?

Kapitel 1

Was ist der Ursprung aller Dinge und somit von uns selbst?

Denke nicht, wenn es in einem Artikel heisst: «die Forschung hat gezeigt», oder «die Wissenschaft hat bewiesen» oder die meisten «Forscher sind sich einig» oder dergleichen, dass es sich somit um eine sich mit der Wirklichkeit deckende Tatsache oder Wahrheit handelt!

Wissenschaft ist gut, wenn diese vorurteilsfrei und mit der nötigen Sorgfalt betrieben wird. Leider spielt aber auch hier die persönlich vorgefasste Meinung und insbesondere die Grundannahme eines Weltbildes eine wesentliche Rolle.

Ich bin überzeugt, dass die Wahrheit für alle, die aufrichtig und ehrlich sind, überzeugend nachzuvollziehen ist.

Jeder der aufrichtig ist, kann durch eigenes Nachdenken die grundlegenden Wahrheiten erkennen! Nimm nicht einfach etwas an, nur weil es der Professor Soundso in einem renommierten Journal veröffentlicht hat oder die Medien darüber unkritisch berichtet haben!

Überlege doch selbst! Prüfe Du selbst nach! Du musst selbst überzeugt sein, was Du glaubst und wofür Du einstehst!

Die grundlegend wichtigste Frage ist: «Was ist der Ursprung von Allem, was wir sehen und wahrnehmen von der Erde und dem ganzen Universum und somit auch von Dir?»

Viele glauben, dass diese Frage doch von der Wissenschaft geklärt wurde. Es ist doch bewiesen, dass wir aus toter Energie/Materie durch einen Millionen von Jahren dauernden Evolutionsprozess entstanden sind!

Die Wissenschaftler, die sich wirklich mit diesen Fragen beschäftigen, erkennen aber durchaus, dass es grundlegende ungelöste Probleme gibt.

Ich habe schon erlebt, dass Biologen zugaben, dass es für jede Stufe der Evolution grundlegend ungeklärte Probleme gibt, aber es muss eben eine Evolution gegeben haben, da die Paläontologen das ja in den Fossilienabfolgen sehen. Und ein Paläontologe sagte, dass es bei den Fossilien ungelöste, unpassende Probleme gibt, z.B. dass im Kambrium alle Tierstämme plötzlich auftauchen, aber die Biologen haben ja gezeigt, wie Evolution ablaufen kann! Der eine Fachmann verlässt sich auf den Anderen. Das ist nicht gerade überzeugend!

Vergessen wir einmal alles, was wir bisher zu diesem Thema gehört haben und beginnen sozusagen unvoreingenommen nochmals bei «0», um selbst zu beobachten und zu denken!

Im Folgenden möchten wir zwei Objekte betrachten und dessen Ursprünge nachgehen:

Ein Auto mit Benzinmotor und unseren Körper, insbesondere der Bewegungsapparat.

Beide Objekte können sich unter Befehlsanweisung gezielt fortbewegen und brauchen dazu Energie aus Brennstoffen.

Beide Objekte bestehen aus mindestens folgenden Elementen:

- mechanische anatomische Bauelemente, die das Gerüst darstellen

- mechanisch bewegliche Teile, die eine gezielte Bewegung ermöglichen

- Verbrennungsmotor mit gezielter Energieübertragung

- Systeme für Signalübertragung und Steuerung

- intelligente Befehlszentrale

Im Benzinmotor wird durch elektrische Funken gezielt das Benzin/Luftgemisch zur Explosion, d.h. zur Verbrennung, gebracht und bringt dabei die Kolben in Bewegung. Durch geschickt durchdachte Anordnung der mechanischen Teile überträgt sich dabei die Verbrennungsenergie auf die Räder und setzt das Auto in Bewegung.

In unseren Muskeln wird Traubenzucker verbrannt und bringt durch die geniale Anordnung von Muskelfasern den Muskel zur Bewegung und überträgt die Verbrennungsenergie höchst gezielt auf einen viel komplizierteren Bewegungsapparat aus Knochen, Gelenken und Sehnen! Die Bewegung wird auch hier durch elektrische Impulse ausgelöst. Bei beiden Verbrennungen sind die Abgase Wasser und Kohlenstoffdioxid.

Weder das Auto noch wir selbst sollen uns einfach ziellos irgendwo hinbewegen. Ich möchte dem Auto befehlen können, wo es hinfährt und wie schnell es fahren soll. Dafür ist eine Steuerung über eine elektrisch/mechanische Einrichtung nötig.

Genauso ist unser Nervensystem mit Gehirn und Nervenbahnen, das mit den Muskeln verbunden ist, im Normalzustand unter unserer willentlichen Steuerung. Nur ist das Bewegungssystem unseres Körpers um ein Vielfaches komplexer als ein Auto und hat zudem ein integriertes Gleichgewichtssystem, sonst könnten wir nicht stehen und gehen.

Bei der Herstellung des Autos werden gemäss einem Programm zunächst die vielen Einzelbauteile angefertigt und nachher präzise Schritt für Schritt zusammengefügt. Erst das fertige Auto kann seine Funktion erfüllen. Die Programme dafür sind auf Computern und Papier gespeichert.

Bei der embryonalen Entwicklung werden gemäss einem genialen genetischen Programm die einzelnen Teile gebildet und zusammengefügt. Die Programme dafür sind auf kleinstem Raum auf den Genen mit der Substanz DNA codiert und gespeichert.

Nun zur entscheidenden Frage:

Was ist der Ursprung des Autos? Hier wissen wir es, ohne irgendwelche Annahmen treffen zu müssen:

Intelligente Personen haben sich das ausgedacht, geplant, die Programme gemacht und durch sprachliche Anweisungen die Herstellung veranlasst und durchgeführt. Eine Person ist ein Wesen mit Bewusstsein und intelligentem Verstand, das denken kann und einen Willen und Gefühle hat. Zudem ist eine Person zur präzisen Kommunikation mit anderen Personen mithilfe einer Sprache in mündlicher oder schriftlicher Form befähigt.

Was ist der Ursprung Deines Bewegungsapparates und natürlich Deiner selbst und des ganzen Universums?

Es gibt zwei Möglichkeiten:

A) eine unpersönliche, nicht intelligente Kraft oder Energie (durch ungeplante Evolution)

B) eine Person, die eine Superintelligenz besitzen muss (geplante Schöpfung)

Was denkst Du? Welches ist die logische, den ehrlichen Verstand befriedigende Antwort?

Ich kann nur mit der Antwort B zufrieden sein!

Du kannst irgendein Objekt aus der Natur nehmen oder eines, das von Menschen gemacht ist, und du findest immer das gleiche Muster wie beim Beispiel vom Auto/Bewegungsapparat des Menschen.

Kapitel 2

Wer ist diese intelligente Person, die alles geschaffen hat?

Die Antwort, dass eine geniale Person durch ihre Intelligenz das Universum und alles darin ausgedacht und geschaffen hat, ist logisch nachvollziehbar und deckt sich 100 % mit der Wirklichkeit, wie wir sie beobachten, erfahren und experimentell immer wieder bestätigen können.

Wenn man die Materie ohne Input von gezielter Energie und Intelligenz sich selbst überlässt, baut sie sich nicht selbst zu etwas Neuem und höher Organisiertem auf. Das Gegenteil ist der Fall. Dinge, die sich selbst überlassen werden, zerfallen und die Unordnung nimmt zu.

Ein Auto, das sich selbst überlassen wird, rostet und zerfällt genauso wie ein Lebewesen, das gestorben ist und somit keinen programmierten Energieumsatz mehr aufweist.

Die Annahme der Evolutionstheorie, dass sich dennoch vor Milliarden von Jahren die Materie sich selbst zu immer komplexeren Gebilden organisierte, deckt sich nicht nur nicht mit der Wirklichkeit (Beobachtung, Experiment), sondern widerspricht dieser total.

Der Mensch hat viele Gesetzmässigkeiten und Bausteine der Natur wie die Atome und Moleküle entdeckt und hat durch seinen Verstand gelernt, gezielt neue Stoffe herzustellen (Teil der Chemie), genauso wie er Maschinen, Computer usw. bauen kann.

Aber ohne Intelligenz geht gar nichts.

Die Frage ist nun aber, wer ist diese Person? Sie müsste doch mit uns kommunizieren können und wollen! Warum redet diese Person, die uns erschaffen hat, normalerweise nicht einfach mit hörbarer Stimme mit uns?

Vielleicht möchte diese Person ja, dass wir aktiv nach Ihr suchen.

Was wir aber aus der Natur wahrnehmen können, sind folgende Eigenschaften:

- dass eine superintelligente und kreative Person existiert.

- dass diese Person ausserordentliche - ich würde sagen - allmächtige Kraft hat.

- dass diese Person in einer Dimension ausserhalb von Raum und Zeit existieren muss; somit kann diese Person aus unserer Sicht wohl Vergangenheit, Gegenwart und Zukunft allgegenwärtig überblicken.

Diese Schlussfolgerungen stimmen haargenau mit der Aussage in der Bibel überein:

»Ich bin das A und das O, ´der Ursprung und das Ziel aller Dinge`«, sagt Gott, der Herr, der ist, der war und der kommt, der allmächtige Herrscher. (Offenbarung Kapitel 1 Vers 8)

Da wir denken können, ist es möglich, dass wir Annahmen treffen, die wir dann mit der Wirklichkeit überprüfen können, ob es sich so verhält.

Dies ist das übliche Vorgehen in der Wissenschaft, um Annahmen (Hypothesen) zu treffen, die dann durch Beobachtung und Experiment bestätigt oder widerlegt werden.

Könnte es eventuell sein, dass diese schöpferische Person aus der uns unbekannten Dimension ein schriftliches Dokument hinterlassen hat? Er hat uns ja so gemacht, dass wir mündlich und schriftlich mithilfe einer Sprache kommunizieren können.

Nun gibt es wohl etliche Schriften, die so etwas behaupten.

Es ist für mich aber sehr naheliegend, die Schriftensammlung der Bibel zu überprüfen und zwar aus folgenden Gründen:

- Es wird historisch die ganze Geschichte vom Universum und der Menschheit von der Entstehung bis zum Ende dargelegt.

- Es enthält viele konkrete Voraussagen historischer Ereignisse, die sich erfüllt haben, obwohl es 66 Bücher verschiedener Autoren enthält, die über einen Zeitraum von einigen Tausend Jahren entstanden sind.

- Es berichtet von einem Sohn Gottes, der von den Toten wieder lebendig wurde und später wieder in die andere Dimension (in den Himmel) verschwand, aber wieder kommen wird.

Diese Auferstehung vom Tod ist ein historisch gut belegtes Ereignis.

Es ist deshalb sehr vernünftig, die Schriften der Bibel zu nehmen und zu prüfen, ob diese auf die grundlegenden Fragen des Lebens und für den Verstand und das Herz befriedigende Antworten liefert und insbesondere ob wir das Reden unseres Schöpfers darin finden.

Decken sich die Antworten oder Aussagen der Schriften in der Bibel mit der Wirklichkeit?

So wollen wir im Folgenden einige grundlegende Fragen angehen.

Es geht nicht einfach um ein Gedankenspiel; es geht um unsere Existenz, um unser Leben!

Kapitel 3

Überprüfen wir, ob die Schriften der Bibel uns auf die wichtigsten Fragen eine für den Verstand und das Herz befriedigende Antwort geben und sich mit der Wirklichkeit deckt.

Ursprungsfragen:

Woher kommen das Universum und die Erde?

Warum gibt es das Festland und Meere/Gewässer?

Woher kommt die Artenvielfalt von Lebewesen wie Pflanzen und Tiere?

Was ist der Ursprung der ersten Menschen?

Warum gibt es Mann und Frau beim Menschen und nicht nur ein Geschlecht?

Warum kann der Mensch denken und kreativ tätig sein?

Da das **1. Buch Mose Kapitel 1**, oder die Genesis, direkt beim Ursprung beginnt, fangen auch wir da an.

1) Im Anfang schuf Gott die Himmel und die Erde.

Am Anfang war eben dieser persönliche, in der ewigen Dimension existierende Schöpfergott, der Himmel und Erde schuf, was sich völlig mit den Beobachtungen der Natur deckt und der Mensch durch viele Experimente bestätigte, wie im Kapitel 1 und 2 dargelegt wurde. Dies ist eine klare logische Antwort auf die Ursprungsfrage. Die Annahme, dass am Anfang eine Kraft war, die zu einer Explosion (Urknall) mit anschliessender Höherorganisation der Stoffe bis letztlich hin zu Lebewesen führte, ist ein Widerspruch zu den Naturbeobachtungen und Experimenten.

2) Und die Erde war wüst und leer, und Finsternis war über der Tiefe; und der Geist Gottes schwebte über den Wassern.

3, 4, 5) Und Gott sprach: Es werde Licht! Und es wurde Licht. Und Gott sah das Licht, dass es gut war. Und Gott schied das Licht von der Finsternis. Und Gott nannte das Licht Tag, und die Finsternis nannte er Nacht. Und es wurde Abend und es wurde Morgen: erster Tag.

«Gott sprach: …. und es wurde», kommt bei jedem Werk, das ER machte, vor. ER denkt, redet und die Materie setzt sich durch bildende Kraft in Bewegung und gestaltet den gewünschten Gegenstand. Heute können wir das vielleicht ganz grob mit einem 3D-Drucker vergleichen, der durch Einspeisen des Programmes den entsprechenden Gegenstand bildet.

Hier ist der Ursprung des Lichts begründet. Zudem steht «Und Gott sah …» - genauso haben wir Augen, mit denen wir durch das Licht die Gegenstände um uns sehen können. Auch hier passt alles zusammen, genauso wie die Existenz von Tag und Nacht.

6, 7, 8) Und Gott sprach: Es werde eine Ausdehnung inmitten der Wasser, und sie scheide die Wasser von den Wassern! Und Gott machte die Ausdehnung und schied die Wasser, die unterhalb der Ausdehnung, von den Wassern, die oberhalb der Ausdehnung sind. Und es wurde so. Und Gott nannte die Ausdehnung Himmel. Und es wurde Abend und es wurde Morgen: zweiter Tag.

Hier schuf er die Lufthülle und zudem sieht es so aus, dass ursprünglich noch eine Wassergashülle über der Luftschicht folgte.

9, 10) Und Gott sprach: Es sammeln sich die Wasser unterhalb des Himmels an *einen* Ort, und es werde sichtbar das Trockene! Und es wurde so. Und Gott nannte das Trockene Erde, und die Sammlung der Wasser nannte er Meere. Und Gott sah, dass es gut war.

Die Erde war offenbar zunächst ganz mit Wasser bedeckt und das Land bildetet ER hier.

11, 12) Und Gott sprach: Die Erde lasse Gras hervorsprossen, Kraut, das Samen hervorbringe, Fruchtbäume, die Frucht tragen nach ihrer Art, in der ihr Same sei auf der Erde! Und es wurde so. Und die Erde brachte Gras hervor, Kraut, das Samen hervorbringt nach seiner Art, und Bäume, die Frucht tragen, in der ihr Same ist nach ihrer Art. Und Gott sah, dass es gut war. Und es wurde Abend und es wurde Morgen: dritter Tag.

Die Frage, woher die Pflanzenvielfalt mit den vielen verschiedenen Arten kommt, wird hier einleuchtend beantwortet. Die verschiedenen Arten oder Grundtypen wurden separat erschaffen und sind nicht aus einer einfachen Urpflanze mit der Zeit entwickelt worden. Unter «Art» ist hier nicht das Gleiche gemeint wie heute, sondern der Begriff «Grundtyp» ist wohl eher zutreffend. Was wir heute beobachten oder durch Züchtungsversuche erkennen, sind ganz klar abgrenzbare Gruppen oder Typen von Pflanzen. Diese Antwort deckt sich völlig mit der Wirklichkeit. Gemäss Evolutionstheorie soll sich zuerst - wie auch immer- eine Einzelle ähnlich wie ein Bakterium gebildet haben. Daraus sollen sich durch Veränderungen und Auswahl mehrzellige Lebewesen, die immer komplexer wurden, entwickelt haben. Gemäss Darwin sollen aber diejenigen, die möglichst viel Nachkommen erzeugen und sich gut an die Umwelt anpassen, die Auserlesenen sein. Die Bakterien und Einzeller sind bei weitem die fittesten aller Lebewesen, die sich schnell vermehren und unter allen möglichen Umweltbedingungen leben. Es gibt eigentlich keinen darwinschen Grund zur Weiterentwicklung. Das ist nur Fantasie.

14-19) Und Gott sprach: Es werden Lichter an der Ausdehnung des Himmels, um den Tag von der Nacht zu scheiden, und sie seien zu Zeichen und zur Bestimmung von Zeiten und Tagen und Jahren; und sie seien zu Lichtern an der Ausdehnung des Himmels, um auf die Erde zu leuchten! Und es wurde so. Und Gott machte die zwei grossen Lichter: das grosse Licht zur Beherrschung des Tages, und das kleine Licht zur Beherrschung der Nacht, und die Sterne. Und Gott setzte sie an die Ausdehnung des Himmels, um auf die Erde zu leuchten, und um zu herrschen am Tag und in der Nacht und das Licht von der Finsternis zu scheiden. Und Gott sah, dass es gut war. Und es wurde Abend und es wurde Morgen: vierter Tag.

Hier werden eigentlich erst Sonne, Mond und die Sterne erschaffen. Das Licht am ersten Tag war offenbar ein anderes Licht. Warum kann der Mensch Zeiten einteilen wie Stunden, Tage, Wochen, Monate, Jahre? Hier finden wir eine klare Antwort: Nicht nur die Sonne, sondern auch der Mond und die Sternenkonfiguration dienen dazu.

20-25) Und Gott sprach: Es wimmeln die Wasser vom Gewimmel lebendiger Wesen, und Vögel sollen über der Erde fliegen angesichts der Ausdehnung des Himmels! Und Gott schuf die grossen Seeungeheuer und jedes sich regende, lebendige Wesen, wovon die Wasser wimmeln, nach ihrer Art, und alle geflügelten Vögel nach ihrer Art. Und Gott sah, dass es gut war. Und Gott segnete sie und sprach: Seid fruchtbar und vermehrt euch und füllt die Wasser in den Meeren, und die Vögel vermehren sich auf der Erde! Und es wurde Abend und es wurde Morgen: fünfter Tag.

Und Gott sprach: Die Erde bringe hervor lebendige Wesen nach ihrer Art: Vieh und Gewürm und Tiere der Erde nach ihrer Art! Und es wurde so. Und Gott machte die Tiere der Erde nach ihrer Art, und das Vieh nach seiner Art, und alles, was sich auf dem Erdboden regt, nach seiner Art. Und Gott sah, dass es gut war.

Was ist der Ursprung der verschiedenen Arten von Tieren? Gott schuf hier die ersten Tierpaare, ein jedes nach seiner Art bzw. seinem Typ, das sich fortpflanzen kann. Zum Beispiel das erste hundeartige, katzenartige oder pferdeartige Tier. Hunde sind aber verschieden von Katzen und lassen sich nicht miteinander kreuzen. Heute finden wir genau diese klar abgrenzbaren Typen von Tieren. Es gibt aber eine grosse Vielfalt innerhalb eines Typs, z.B. bei den Katzenartigen gibt es Löwen, Tiger, Puma, Hauskatzen usw. Aber alle diese Arten oder Rassen lassen sich direkt oder indirekt miteinander kreuzen und der Rückschluss liegt nahe, dass diese alle von einer «Urkatze» abstammen, die genetisch eine grosse Fähigkeit für Varianten aufwies. Darwin machte seine Beobachtungen immer innerhalb des gleichen Typs von Tieren oder Pflanzen. Das gleiche trifft zu, wenn Menschen Züchtungsanstrengungen unternehmen oder wenn in der Natur «von selbst» neue Varianten entstehen: Sie geschehen innerhalb der gleichen Art! Die Beobachtungen und Experimente zeigen aber im Wesentlichen eine Verarmung der genetischen Vielfalt und keine Höherentwicklung! Jeder Züchter kennt das Problem der Missbildungen oder Krankheitsanfälligkeit von Inzucht. Darwins Beschreibungen der Variationen und das Selektionsprinzip haben hier ihre Gültigkeit. Darwin und seine Nachfolger haben aber den Boden der Übereinstimmung mit der Wirklichkeit verlassen, indem sie die Annahme oder Theorie aufstellten, dass das gleiche Prinzip auch über alle Grenzen hinweg gelten und gar noch zur Höherentwicklung führen soll. Beobachtbar ist aber eine Degradierung oder Verarmung oder bestenfalls eine Neukombination von schon Vorhandenem.

Eine Entstehung von wirklich neuen Strukturen oder eine Höherentwicklung deckt sich bisher nicht mit der Wirklichkeit und ist somit nur eine Vorstellung oder «Science-Fiction».

Ein Argument ist allerdings, dass sich viele Ähnlichkeiten über die Grenzen hinweg zeigen. Alle Wirbeltiere z.b. habe ein ähnliches Muster des Körperaufbaus. Katzen haben einen Kopf mit zwei Augen, einer Nase und einem Mund, eine Wirbelsäule und vier Beine; genauso ist es bei den Hundeartigen usw. Schimpansen haben eine gewisse Ähnlichkeit mit uns Menschen.

Auf der Ebene der Zellen, Biochemie und Genetik gibt es ebenfalls grosse Ähnlichkeiten. Alle Lebewesen habe als genetische Substanz die DNA. Der genetische Code ist allerdings nicht überall gleich, wie man zunächst vermutete. Nun wird gesagt, dass diese Tatsache der Ähnlichkeiten ein Beweis für die gemeinsame Abstammung ist. Wirklich?

Dies ist ein gutes Beispiel, um die Tatsache von der Interpretation zu unterscheiden. Dies wird oft gar nicht gemacht, sondern Tatsache und Interpretation wird automatisch vermischt zugunsten der gewünschten Theorie oder Annahme. Die «Ähnlichkeit» ist eine Tatsache. Eine Interpretation ist es, als Ursache dafür eine gemeinsame Abstammung zu sehen. Eine andere Erklärung ist es, dass alle Lebewesen vom gleichen Designer abstammen und dieser eine Art Baukastenprinzip nutzte, genauso wie wir das auch machen. Dieses Prinzip finden wir überall von den chemischen Elementen hin bis zu den Lebewesen. Genauso sind sich alle Mercedes ähnlich, weil sie von den gleichen Planern stammen. Oder Gemälde sind sich sehr ähnlich, weil sie vom gleichen Kunstmaler stammen. Bauten sehen ähnlich aus, weil sie vom gleichen Architekten stammen.

Innerhalb eines Grundtyps, Art oder Rasse basieren nachgewiesenermassen die Ähnlichkeiten auf einer biologischen Abstammung. Aber zwischen nicht kreuzbaren Typen wurde die Erklärung durch Abstammung nie gezeigt. Es ist aber logisch, dass die Lebewesen auf gleichen und zusammenpassenden Bauelementen bestehen müssen, da sie ja funktionell oder ökologisch voneinander abhängig sind. Man denke nur an den Kreislauf von Sauerstoff/Kohlenstoffdioxid der Atmung/Fotosynthese oder an die Nahrungsketten.

Es ist absolut wichtig, bei jeder wissenschaftlichen Darstellung oder bei Berichten in den Medien zunächst ganz klar zwischen den wirklich beobachteten Fakten oder Daten und der Interpretation zu unterscheiden! Dies wird leider oft nicht gemacht und der Autor verkauft seine bevorzugte Interpretation als Tatsache!

26, 27) Und Gott sprach: Lasst uns Menschen machen in unserem Bild, nach unserem Gleichnis; und sie sollen herrschen über die Fische des Meeres und über die Vögel des Himmels und über das Vieh und über die ganze Erde und über alles Gewürm, das sich auf der Erde regt! Und Gott schuf den Menschen in seinem Bild, im Bild Gottes schuf er ihn; Mann und Frau schuf er sie.

Wir sind also nach dem Bild Gottes geschaffen und haben demnach ähnliche Eigenschaften und Fähigkeiten wie ER. Wir sind genauso Persönlichkeiten, die denken, planen und kreativ tätig sein können. Wir haben präzise Ohren zum Hören, einen ausgeklügelten Mund zum Reden, geniale Augen um zu sehen und Hände um sehr geschickt kreativ tätig zu sein. Zudem haben wir einen super Tastsinn, um Gegenstände, Wind, Kälte, Wärme usw. zu fühlen. Wir haben Verständnis bekommen, um die Natur teilweise zu verstehen, damit wir diese uns untertan oder nützlich machen können. Das MacBook Air, auf dem ich gerade schreibe, ist dafür ein wunderbares Beispiel. Dieser

Computer besteht aus vielen verschiedenen materiellen Teilen, die präzise so zusammengefügt sind, dass die physikalischen Gesetze der Materie die Funktion eines Computers haben, auf dem man schreiben, Bilder und Filme bearbeiten, auf diverse Weise kommunizieren kann usw. Nebst der sichtbaren Materie haben wir auch das Verständnis bekommen, um uns die unsichtbaren elektromagnetischen Wellen nutzbar zu machen. Texte, Bilder und Filme einfach so durch «die Lüfte» zu schicken ist doch einfach genial!

Der Mensch wurde als Mann und Frau geschaffen. Nicht ein Geschlecht, nicht hundert, nein genau zwei wurden geschaffen, die sich in jeder Hinsicht ergänzen! Dies deckt sich vollkommen mit der biologischen und mentalen Realität, die wir vorfinden.

Kapitel 4

Ist der Mensch dem Tier gleichgestellt?

Warum hat der Mensch eine aussergewöhnliche Sprache?

Warum kann der Mensch auch teilweise mit Tieren kommunizieren?

Warum kann der Mensch denken und kreativ tätig sein?

Warum ist die Natur nicht nur nützlich eingerichtet, sondern auch von grosser Schönheit und das Essen schmackhaft?

Warum gibt es eine 7-Tage-Woche mit 6 Tage Arbeit und einem Ruhetag?

28-31) Und Gott segnete sie, und Gott sprach zu ihnen: Seid fruchtbar und vermehrt euch und füllt die Erde und macht sie euch untertan; und herrscht über die Fische des Meeres und über die Vögel des Himmels und über alle Tiere, die sich auf der Erde regen! Und Gott sprach: Siehe, ich habe euch gegeben alles samenbringende Kraut, das auf der Fläche der ganzen Erde ist, und jeden Baum, an dem samenbringende Baumfrucht ist: Es soll euch zur Speise sein; und allen Tieren der Erde und allen Vögeln des Himmels und allem, was sich auf der Erde regt, in dem eine lebendige Seele ist, habe ich alles grüne Kraut zur Speise gegeben. Und es wurde so. Und Gott sah alles, was er gemacht hatte, und siehe, es war sehr gut. Und es wurde Abend und es wurde Morgen: der sechste Tag.

Ist der Mensch den Tieren gleichgestellt? Heute hat man oft den Eindruck, die Tiere haben mehr Rechte als der Mensch. Hier wird aber ganz klar gesagt, dass der Mensch die Erde nutzen darf und genauso über die Tiere herrschen soll!

24

Warum finden wir überall auf der Welt, dass der Mensch Tiere nutzbringend einsetzt und so über sie herrscht? Denken wir nur an die Pferde, Kamele und Elefanten zum Reiten und für Transporte, Rindvieh für den Ackerpflug, Hunde als Wächter und für Suchaufgaben (verschüttete Menschen, Drogen, usw.), Tauben für die Beförderung von Briefen, Bienen für Honig, usw. Hier finden wir die Antwort, die sich völlig mit dem wirklichen Leben deckt!

Was ist die Nahrung des Menschen und der Tiere?

Samenbringendes Kraut und Baumfrüchte - also Getreide, Hülsenfrüchte, Gemüse, Salat und Früchte - sind hier als Nahrung für den Menschen gedacht. Für die Tiere ist alles grüne Kraut zur Nahrung gegeben. Also vegane Ernährung für Mensch und Tier! Die Fülle an verschiedenen Gemüsesorten und Früchten ist gewaltig und vor allem in den tropischen Regionen zu finden! Wir hier in der Schweiz kennen nur einen Bruchteil davon.

Das stimmt jetzt aber nicht mit der heutigen Welt überein. Viele Menschen essen Fleisch und Tiere fressen andere Tiere. Das passt nicht überein. Bei der bisherigen Beschreibung der Genesis kennt weder der Mensch den Tod noch werden Tiere zwecks Nahrung getötet! Gott sagt am Schluss des Erschaffens, dass alles «sehr gut» war. Es gab kein Leid, keine Krankheit, kein Tod, nur Leben in Überfülle, einfach paradiesisch!

Im folgenden historischen Bericht der Genesis kommen allerdings einschneidende Ereignisse, die der Welt das Leid und den Tod bringt. Auch wird später dem Menschen Fleisch als Nahrung zusätzlich gegeben.

Die wichtigste Eigenschaft dieser göttlichen Person, die uns und das ganze Universum geschaffen hat, habe ich noch gar nicht erwähnt, kommt aber durch die wunderbare Schönheit und Vielfalt der Natur klar zum Ausdruck: eine vollkommene und reine Liebe, Freundlichkeit und Güte zu uns Menschen! ER möchte, dass wir vollkommene Freude, Frieden und Zufriedenheit haben! Das ist die Antwort, warum die Natur nicht nur einfach nützlich funktioniert, sondern auch noch ästhetisch sehr schön ist und zum Beispiel das Essen für uns nicht nur die lebensnotwendige Zusammensetzung hat, sondern uns auch gut schmeckt!

Diese paradiesische Beschreibung der ursprünglichen Welt sind für mich auch Hinweise auf einen göttlichen Ursprung dieses Berichtes, da einem Menschen, der der Evolution entsprungen sein soll, solche Gedanken völlig fremd sein müssten! Bei der Evolutionstheorie ist die Bildung von vielen krankhaften, schwachen Lebewesen nebst eben den starken und gesunden eine Grundlage der Entwicklung. Die Starken überleben, die Schwachen sterben und werden ausgerottet. Krankheit, Leiden, Tod und Überlebenskampf gehört bei der Evolutionslehre von Anfang an zur «Schöpfungsmethode»!

Das selbstherrliche Streben des Menschen, möglichst viel Macht über andere zu erlangen, andere zu beherrschen, zu regieren, durch Intelligenz oder/und körperliche Überlegenheit diejenigen zu betrügen und auszuschalten oder umzubringen, die «im Wege stehen», ist also gemäss der Evolutionslehre nichts Böses, sondern geradezu ein Zeichen höherentwickelter Tugend! Das ist völlig logisch und konsequent! Ein typisches Beispiel eines solchen «hochentwickelten» Menschen ist Hitler!

Wenn die Evolutionslehre stimmt, gibt es kein Gut und Böse, kein Recht und Unrecht - jeder kann denken, tun und lassen, was er will. Betrügen, stehlen, vergewaltigen, morden usw. ist dann kein Unrecht und der Staat dürfte keine Gesetze machen, die solche Handlungen unter Strafe verbieten! Es gibt keine Grundlage für Recht und Unrecht und nur das Gesetz des Stärkeren gilt! Und zudem ist nach dem Tod alles vorbei! Diejenigen, die gegen jegliche staatliche und sonstige Ordnung rebellieren und deren Abschaffung fordern, handeln auf dieser Grundlage logisch und konsequent! Das haben sie ja in der Schule, an den Universitäten, von den Medien, in den Museen usw. schliesslich gelernt, dass der Mensch nur ein höherentwickeltes Tier ist!

Jeder Mensch merkt aber intuitiv, was Recht und Unrecht ist, dass es z.B. nicht recht ist, andere zu betrügen, zu bestehlen, sexuell zu vergewaltigen oder andere zu töten. Genauso spüren Menschen, dass es gut ist, sich um das Wohl anderer zu kümmern, freundlich zu sein und andere zu respektieren.

Unserem Verstand wird beigebracht, dass wir nur höherentwickelte Tiere sind und wir im weiten Universum alleingelassen sind. Wir können aber nicht damit leben und merken intuitiv in unserem Geist, dass das nicht stimmen kann. Von uns wird ja auch in der Familie, am Arbeitsplatz und im Staat ein moralisch gutes Leben erwartet. Die vernünftige Grundlage dazu wurde uns aber entzogen oder vorenthalten - wir müssen sozusagen den Verstand an der Garderobe abgeben und sind der Willkür ausgeliefert.

Die Existenz eines persönlichen Schöpfers, der uns mitteilt, was Gut und Böse ist, ist eine vollumfängliche den Verstand und Geist befriedigende Antwort für unsere Existenz und unsere intuitive Vorstellung von Recht und Unrecht und bildet eine rechtliche Grundlage auf allen Ebenen vom Einzelnen über Familien, Arbeit bis zum Staat. Darauf werde ich weiter unten noch genauer eingehen.

1. Buch Mose Kapitel 2 berichtet:

1-3) So wurden vollendet der Himmel und die Erde und all ihr Heer. Und Gott hatte am siebten Tag sein Werk vollendet, das er gemacht hatte; und er ruhte am siebten Tag von all seinem Werk, das er gemacht hatte. Und Gott segnete den siebten Tag und heiligte ihn; denn an demselben ruhte er von all seinem Werk, das Gott geschaffen hatte, indem es er machte.

Warum gibt es in den allermeisten Völkern schon seit eh und je eine Siebentage-Woche?

Hier finden wir die Antwort für diese Selbstverständlichkeit.

Kapitel 5

Wie und woraus hat Gott den Menschen geschaffen?

Wozu hat Gott dem Menschen den Garten Eden gegeben und was soll er darin machen?

Hat der Mensch einen freien Willen oder ist er nur eine Marionette oder wie ein programmierter Roboter?

Wer gab den Tieren die Namen?

Wie ist die Frau entstanden?

War der Mensch von Anfang an bekleidet?

7) Und Gott der HERR bildete den Menschen, Staub von dem Erdboden, und hauchte in seine Nase den Odem des Lebens; und der Mensch wurde eine lebendige Seele.

Was die materielle Seite betrifft, bildete Gott den Menschen aus der Erde. Und so finden wir genau die gleichen chemischen Elemente im Menschen wie in der Erde. Atome sind zusammengesetzt zu Molekülen und Moleküle bilden funktionelle Gebilde und Organellen. Aus diesen Teilen bilden sich Zellen, aus Zellen Gewebe, aus Geweben Organe und aus Organen bildet sich dann der ganze Organismus. Der Hauch des Odems des Lebens brachte dann alles in Bewegung und Leben kam in den Körper!

Wozu hat Gott dem Menschen den Garten Eden gegeben und was soll er darin machen?

8, 9) Und Gott der HERR pflanzte einen Garten in Eden im Osten, und er setzte dorthin den Menschen, den er gebildet hatte. Und Gott der HERR liess aus dem

Erdboden allerlei Bäume wachsen, lieblich anzusehen und gut zur Speise; und den Baum des Lebens in der Mitte des Gartens, und den Baum der Erkenntnis des Guten und Bösen.

Gott bereitete dem Menschen Freude und machte ihm einen wunderbaren Garten mit Bäumen, die lieblich anzusehen und gut zur Speise sind! Er ist ein Gott voller Liebe!

15) Und Gott der HERR nahm den Menschen und setzte ihn in den Garten Eden, ihn zu bebauen und ihn zu bewahren.

Der Mensch soll nicht nur Freude haben, sondern hat auch eine Aufgabe oder Arbeit erhalten, nämlich den Garten zu bebauen und zu bewahren. Er erforschte sozusagen die Natur, um selbst kreativ den Garten zu gestalten. Wohl bedeutet das «bebauen» nicht nur Bäume und Blumen pflanzen, sondern auch aus der Erde, dem Gestein, Holz, usw. Dinge zu gestalten.

Übrigens sind alle Materialien und Gesetzmässigkeiten, um z.B. mein MacBook Air zu fertigen, schon in der Natur vorhanden! Der Mensch hat die Fähigkeit bekommen, um die schon vorhandenen Gesetzmässigkeiten herauszufinden und daraus nützliche Dinge zu gestalten. Diese «Arbeit» konnte der Mensch aber mit Freude tun und er hatte dabei Gelingen. Damals herrschte noch eine Atmosphäre der Freude, des Friedens und der Liebe! Der Mensch musste die Arbeit noch nicht «im Schweisse seines Angesichtes» wie später ausführen.

Hat der Mensch einen freien Willen oder ist er nur eine Marionette oder wie ein programmierter Roboter?

16, 17) Und Gott der HERR gebot dem Menschen und sprach: Von jedem Baum des Gartens darfst du nach

Belieben essen; aber von dem Baum der Erkenntnis des Guten und Bösen, davon sollst du nicht essen; denn an dem Tag, da du davon isst, wirst du gewisslich sterben.

Hier sehen wir ganz klar, dass der Mensch einen freien Willen hat und Gott gab dem Menschen eine Gelegenheit oder Prüfung, in der er zeigen konnte, dass er Ihn auch liebt! Wir sind keine von den Genen (durch die Evolution) programmierten Roboter, sondern können aus freiem Willen lieben oder eben auch nicht. Gott wollte ein echtes Gegenüber! Die Entscheidung des Menschen hatte aber eine einschneidende Konsequenz! Er darf von allen Bäumen essen und die Früchte geniessen - nur von einem einzigen Baum soll der Mensch nicht essen. Er darf sozusagen alles tun ausser einer einzigen Handlung, zu der Gott «nein» gesagt hat! Wenn der Mensch das eine Verbot nicht befolgt, muss er sterben. Der Tod bedeutet dann das Ende von echtem Leben, Freude und Frieden.

Wer gab den Tieren die Namen? Sind die Affen ein wahres Gegenüber für den Menschen?

18, 19, 20) Und Gott der HERR sprach: Es ist nicht gut, dass der Mensch allein sei; ich will ihm eine Hilfe machen, seines Gleichen. Und Gott der HERR bildete aus dem Erdboden alle Tiere des Feldes und alle Vögel des Himmels, und er brachte sie zu dem Menschen, um zu sehen, wie er sie nennen würde; und wie irgend der Mensch ein lebendiges Wesen nennen würde, so sollte sein Name sein. Und der Mensch gab Namen allem Vieh und den Vögeln des Himmels und allen Tieren des Feldes. Aber für Adam fand er keine Hilfe seines Gleichen.

Gott suchte eine Hilfe für Adam, die ihm entspricht; Er machte die Tiere aus dem Erdboden und brachte sie zum Menschen. Der Mensch gab jedem Tier einen Namen. Gotte wollte wohl damit dem Menschen zeigen, dass die Tiere nicht seinesgleichen sind, auch die Affen nicht!

Wie ist die Frau entstanden? Ist es recht, dass der Mann einfach nach seiner Lust eine Frau aussucht? Ist es recht, dass ein Mann seine Frau verlässt und sich eine andere nimmt?

21-24) Und Gott der HERR liess einen tiefen Schlaf auf den Menschen fallen, und er entschlief. Und er nahm eine von seinen Rippen und verschloss ihre Stelle mit Fleisch; und Gott der HERR baute aus der Rippe, die er von dem Menschen genommen hatte, eine Frau, und er brachte sie zu dem Menschen. Und der Mensch sprach: Diese ist einmal Gebein von meinen Gebeinen und Fleisch von meinem Fleisch; diese soll Männin heissen, denn vom Mann ist diese genommen. Darum wird ein Mann seinen Vater und seine Mutter verlassen und seiner Frau anhangen, und sie werden *ein* Fleisch sein.

Die Frau ist nicht aus der Erde neu gebildet worden, sondern ist eine wunderbare «Klonierung» aus dem Mann! Die Genetik ist also die exakt gleiche, nur mit dem Unterschied, dass ein männliches Y-Chromosom durch ein X-Geschlechtschromosom ausgetauscht wurde!

Gott hat für den Mann seine Frau gebildet, während er geschlafen hat! Er hat ihm nicht ein Katalog mit Modellen zur Auswahl vorgeführt oder ein Online-Portal mit Singles! Der Mann hat die Frau auch nicht einfach ohne Gott selbst ausgesucht! Auch wir sollten deswegen unseren Vater im Himmel um die richtige Frau bitten, die wirklich zu uns passt!

Die Aussage «Darum wird ein Mann seinen Vater und seine Mutter verlassen und seiner Frau anhangen, und sie werden *ein* Fleisch sein.» ist eine klare Aussage, dass ein Mann und eine Frau, die füreinander bestimmt sind, ganz zusammengehören und nicht getrennt werden dürfen! Darin ist die Ehe begründet. Die Ehe ist nicht eine Erfindung vom Menschen, sondern von Gott. Aus der Sicht der Evolution wäre wohl der Mensch nie auf eine solche Idee gekommen und jeder würde mit jedem Verkehr haben. Mir ist aber selbst von «Naturvölkern» im Busch bekannt, die noch nie vom Christentum gehört haben, dass eine Heirat oder öffentliche Eheschliessung von grosser Bedeutung ist und sexueller Verkehr vor der Ehe streng bestraft wird! Die Braut trägt bei der Hochzeit in vielen Völkern deswegen ein weisses Kleid als Zeichen dafür, dass sie rein und bisher von keinem Mann betastet wurde!

Durch den «Glauben» an die Evolutionslehre wurde diese Selbstverständlichkeit in den letzten Jahrzehnten mehr und mehr untergraben und als Märchen, Mythos oder als «religiös» dargestellt. Es ist folglich nur logisch, dass etliche Kräfte die Ehe und die normale Familie abschaffen wollen, weil die Grundlage dafür ja ein Mythos ist! Die Folgen davon sind gravierend: Verbreitung von ernsthaften Geschlechtskrankheiten, ungewollte Schwangerschaften und damit Tötung von Kindern, zerbrochene Herzen, Depressionen, Selbstmorde usw.! Dieses animalische Verhalten wird aber als fortschrittlich und modern verkauft. Der Mensch kann seine eigene Meinung haben, die sich nicht mit der Wahrheit oder Wirklichkeit deckt; er schadet sich damit aber selbst und anderen! Übrigens gibt es auch unter den Tieren treue Paare bis ans Lebensende, vor allem unter den Vögeln! Vielleicht war das am Anfang auch unter den Tieren das Normale.

War der Mensch von Anfang an bekleidet?

25) Und sie waren beide nackt, der Mensch und seine Frau, und sie schämten sich nicht.

Nein, der Mensch war im Paradies nackt und das war kein Problem. Ich gehe im nächsten Kapitel darauf ein, warum die Mensch selbst bei den allermeisten Naturvölkern Kleider tragen. Schon so viel sei hier erwähnt: Menschen sind nicht nur wegen der Wärmeisolation oder dem Klima bekleidet!

Kapitel 6

Woher kommt das Böse in der Welt?

Warum gibt es Leiden, Krankheiten und der Tod?

Warum tragen die Menschen Kleidung?

Warum kennt der Mensch Angst?

Warum müssen wir sterben und gibt es den Tod?

Warum müssen wir, um das tägliche Brot zu verdienen, gewöhnlich hart arbeiten?

Warum kennen viele Völker in ihren religiösen Ritualen das Opfer von Tieren oder gar von Menschen, um die Sünde zu tilgen oder einen Fluch abzuwenden?

Woher kommt das Böse in der Welt?

Warum gibt es Leiden, Krankheiten und der Tod?

Im Lichte der Evolution gibt es kein Gut und Böse. Es stellt sich nur die Frage, ob eine Eigenschaft für das Überleben nützlich oder schädlich ist. Die fortlaufende Entstehung von lebensunfähigen und lebensfähigen Varianten von Lebewesen, die dann durch die Selektion der Umwelt nur die fähigsten Formen auswählt, gehört zur Grundlage der Evolutionstheorie.

Das sogenannte Böse wie selbstsüchtige Machtausübung inklusive des Ausrottens der schwächeren Individuen ist somit ein natürlicher Überlebenstrieb. Leiden, Krankheiten und Tod ist von Anfang an Teil dieses Prozesses.

Die Evolutionstheorie hat also eine logische Antwort auf diese Fragen. Die Frage nach dem Bösen passt aber somit nicht, da die Vorstellung von Gut und Böse nur eine Fantasie des Menschen sein soll.

Das Eigenartige ist aber nun, dass der Mensch, auch wenn er an die Evolution glaubt, diesen Trieb, der gemäss Evolution gut und nützlich sein soll, als Unrecht empfindet! Soweit mir bekannt ist, haben alle Völker Vorstellungen von Gut und Böse, die oft im Wesentlichen übereinstimmen! Der Mensch kann mit dem «moralischen» Produkt der Evolution nicht leben und seine innere Ahnung passt mit dem nicht zusammen. Intuitiv merkt er, dass das nicht stimmen kann! Hitler hat es mit Gewalt versucht, die Logik der Evolution in der menschlichen Rasse durchzusetzen. Die überaus schrecklichen Folgen von unsagbarem Leid und Tod kennen wir! Aber eben, aus der Sicht der Evolution ist das nicht böse und es gibt keine Grundlage, um das zu verurteilen!

Ganz anders sind die Antworten, die aus dem Bericht der Genesis zu entnehmen sind:

1. Buch Mose Kapitel 3:

1) Und die Schlange war listiger als alle Tiere des Feldes, die Gott der HERR gemacht hatte; und sie sprach zu der Frau: Hat Gott wirklich gesagt: Ihr sollt nicht essen von jedem Baum des Gartens?

Diese Stimme aus der Schlange will der Eva schon im ersten Satz Zweifel an Gottes Güte einreden: Verbietet ER euch wirklich, die guten Früchte von den Bäumen zu essen? Ich kann mir aber gut vorstellen, dass die Stimme für Eva etwas Unbekanntes und Unheimliches an sich hatte, wenn man nur schon an die Tatsache denkt, dass die Schlange sprechen konnte.

2-7) Und die Frau sprach zu der Schlange: Von der Frucht der Bäume des Gartens essen wir; aber von der Frucht des Baumes, der in der Mitte des Gartens ist, hat Gott gesagt: Davon sollt ihr nicht essen und sie nicht anrühren, damit ihr nicht sterbt. Und die Schlange sprach zu der Frau: Keineswegs werdet ihr sterben,

sondern Gott weiss, dass an dem Tag, da ihr davon esst, eure Augen aufgetan werden und ihr sein werdet wie Gott, erkennend Gutes und Böses. Und die Frau sah, dass der Baum gut zur Speise und dass er eine Lust für die Augen und dass der Baum begehrenswert wäre, um Einsicht zu geben; und sie nahm von seiner Frucht und ass, und sie gab auch ihrem Mann mit ihr, und er ass. Da wurden ihrer beider Augen aufgetan, und sie erkannten, dass sie nackt waren; und sie hefteten Feigenblätter zusammen und machten sich Schürzen.

Die Stimme, die aus der Schlange sprach, stellte Gott als Lügner dar und unterstellte Ihm, dass ER ihnen eine bessere Position mit Macht und Vergnügen vorenthalten wollte! Sie sollen nicht nur nicht sterben, wie Gott dies als Warnung sagte, sondern sie werden sein wie Gott und Erkenntnis erlangen! Dies ist genau das, was wir bei uns und unter uns Menschen vorfinden. Das eigentliche grosse Problem dabei ist, dass jeder sein möchte wie Gott und regieren, herrschen, über andere Macht ausüben, der Grösste sein, grösstmögliches Ansehen vor den anderen erlangen, der Held sein, dass alle uns zujubeln und wie man es auch immer ausdrücken will! Um das eigene Ich soll sich alles drehen. Das war nicht nur bei gewissen Kaisern von Rom so, die sich sogar als Gott verehren liessen – nein, bei uns ist es genauso! Das musste ich auch ganz persönlich erkennen, dass ich keinen Deut besser bin! Das ist die eigentliche Ursache aller Streitigkeiten und Kriege! Zudem schien die Frucht sehr attraktiv zu sein: «gut zur Speise und war eine Lust für die Augen». Nebst der stolzen Selbstsucht hat auch hier in diesem Moment die begehrliche auf sich gerichtete, verzehrende Lust, die durch Augen und Magen geht, ihren Ursprung. Vorher hatte der Mensch eine normale, gesunde, selbstlose Freude an den schönen Dingen, die Gott geschaffen hat. Nach dem Essen dieser Frucht hat er die wahre freudebringende Kraft der Gegenwart Gottes verloren und begehrt nun selbstsüchtig nach den an sich von Gott geschaffenen Dingen! Was begehren die Augen wohl am meisten? Nun, es ist wohl für den Mann die Frau und umgekehrt. Aber auch alle Varianten von abartigen Lüsten, auf wen oder was sie auch immer gerichtet sind, finden hier den Ursprung! Dies passt haargenau zu dem, was wir unter uns und in uns finden! Diese Abwendung von Gott wird «Sündenfall» genannt und das veränderte Wesen des Menschen und die Taten, die daraus hervorgehen, «Sünde».

Fast jeder Film enthält diese zwei Elemente: ein Held und schöne, sexy Frauen und noch so das, was dazugehört. Es sind ja nur Variationen mit immer denselben Grundthemen. Darum schauen wir ja immer wieder solche Filme an, damit wir uns wegen unserem selbstsüchtigen Ich in diese Rolle des Helden versetzen können oder es reizt uns, auch so zu sein. Und natürlich gefallen uns auch die Frauen oder die tollen Kerle - wie auch immer! Sehr oft trifft in den Filmen ja ein Held mit einer attraktiven Lady zusammen! In den letzten Jahren hat es hier aber auch eine Verschiebung gegeben, die auch schon aus der Antike bekannt ist: Es ist nicht mehr ein männlicher Held, sondern eine sexy Superfrau, die allen überlegen ist, eine Art Göttin!

Wir sollten schon ein »Held» sein, aber nicht für uns selbst, sondern für den lebendigen Gott, der der König der Könige ist! Der König David kann uns hier ein gutes Vorbild sein.

Der Bericht in der Genesis hat den Nagel exakt auf den Kopf getroffen und zeigt uns den Ursprung des Bösen und wie das Wesen des Menschen danach wurde! So sind wir und leben so und können von uns aus nicht anders. Wir können zwar ein guter Schauspieler sein und ein guter Gentleman oder nette Dame im Geschäft, in der Schule oder bei Anlässen spielen - aber es ist eben nur ein Theater. Zu Hause ist das Spielen dieses heuchlerischen Theaters aber am schwierigsten und das wahre Wesen kommt oft zum Durchbruch! Alle psychologischen und meditativen Methoden, Regeln, Religionen, Philosophien usw. können da nicht helfen.

Es ist gibt nur eine Lösung: Wir müssen die Anbetung unseres Ich's aufgeben und uns wieder unserem guten und liebenden

Schöpfer unterstellen und IHN anbeten und IHM dankend die Herrschaft unseres Lebens überlassen. Der Schlüssel dazu ist der Sohn Gottes auf Golgatha!

Warum tragen die Menschen Kleidung? Um sich vor Kälte zu schützen? Ursprünglich sicher nicht, denn es war angenehm warm. Das erste Menschenpaar war nackt und es war kein Problem, da sie sich mit reinen, Liebe gebenden Blicken anschauten. Nach der Abwendung von Gott kam das verzehrende Begehren ins Herz und sie hatten keinen reinen Blick mehr und begannen sich zu schämen. Sozusagen zum Schutz voreinander begannen sie sich zu bekleiden und um diese Scham zu bedecken. Wenn die Kleidung ja nur dem Schutz vor Kälte dienen sollte, würden sich die Menschen in den tropischen Regionen nicht bekleiden Aber selbst unter den «Naturvölkern» haben die allermeisten eine Bekleidung! Gemäss Evolutionstheorie wäre das nicht zu erwarten, da der Mensch ja aus dem Tier kam und Tiere bekleiden sich nicht!

8-10) Und sie hörten die Stimme Gottes des HERRN, der im Garten wandelte bei der Kühle des Tages. Und der Mensch und seine Frau versteckten sich vor dem Angesicht Gottes des HERRN mitten unter die Bäume des Gartens. Und Gott der HERR rief den Menschen und sprach zu ihm: Wo bist du? Und er sprach: Ich hörte deine Stimme im Garten, und ich fürchtete mich, denn ich bin nackt, und ich versteckte mich.

Warum kennt der Mensch Angst? Die Antwort der Evolution ist ungefähr diese, dass dies ein Schutzmechanismus ist, um vor Gefahr oder Feinden zu fliehen. In diesem Bericht ist der Ursprung eine andere, nämlich das Verlassen der sicheren Geborgenheit bei Gott und die Angst vor der Strafe.

11-13) Und er sprach: Wer hat dir mitgeteilt, dass du nackt bist? Hast du gegessen von dem Baum, von dem ich dir geboten habe, nicht davon zu essen? Und der Mensch sprach: Die Frau, die du mir beigegeben

hast, *sie* gab mir von dem Baum, und ich ass. Und Gott der HERR sprach zu der Frau: Was hast du da getan! Und die Frau sprach: Die Schlange betrog mich, und ich ass.

Adam hat doch selbst von der Frucht gegessen; er war so selbst schuld! Stattdessen versuchte er die Schuld mindestens teilweise abzuwenden und gab Eva die Schuld! Eva machte genau dasselbe und versuchte die Schuld auf die Schlange abzuwenden! Jeder ist für seine Taten selbst verantwortlich. Bis vor kurzem war in der staatlichen Rechtsprechung klar, dass wer gestohlen hat, ein Dieb war und wer jemanden absichtlich umgebracht hat, ein Mörder war und als solcher bestraft wurde. Heute ist das oft verwässert und die Schuld wird teilweise dem sozialen Umfeld oder den sonstigen Umständen gegeben. Oder es wird gesagt, dass der Täter nicht viel dafür kann, weil er unter dem Einfluss von Alkohol oder Drogen stand.

14-19) Und Gott der HERR sprach zu der Schlange: Weil du dieses getan hast, sollst du verflucht sein vor allem Vieh und vor allen Tieren des Feldes! Auf deinem Bauch sollst du kriechen und Staub fressen alle Tage deines Lebens. Und ich werde Feindschaft setzen zwischen dir und der Frau und zwischen deinen Nachkommen und ihren Nachkommen; *er* wird dir den Kopf zermalmen, und du, du wirst ihm die Ferse zermalmen. Zu der Frau sprach er: Ich werde sehr vermehren die Mühsal deiner Schwangerschaft, mit Schmerzen sollst du Kinder gebären; und nach deinem Mann wird dein Verlangen sein, er aber wird über dich herrschen. Und zu Adam sprach er: Weil du auf die Stimme deiner Frau gehört und gegessen hast von dem Baum, von dem ich dir geboten und gesprochen habe: Du sollst nicht davon essen, − so sei der Erdboden verflucht um deinetwillen: mit Mühsal sollst du davon essen alle Tage deines Lebens; und Dornen und Disteln wird er dir sprossen lassen, und du wirst das Kraut des Feldes essen. Im Schweiss deines Angesichts wirst

du dein Brot essen, bis du zurückkehrst zur Erde, denn von ihr bist du genommen. Denn Staub bist du, und zum Staub wirst du zurückkehren!

Warum müssen wir sterben und gibt es den Tod? Der Tod ist die gerechte Strafe für die Sünde, dem Ungehorsam gegen Gott, dem Abwenden von Gott zu sich selbst hin! Hier liegt übrigens auch die Begründung, warum es gut ist, wenn Eltern die Kinder bestrafen, wenn sie Unrechtes getan haben und warum es gut ist, wenn die staatliche Gewalt Verbrechen bestraft. Durch die Bestrafung kommt auch klar zum Ausdruck, dass dieses Verhalten sich selbst und anderen schadete.

In diesem Text finden wir zudem eine Voraussage, die vor ca. 2000 Jahren eingetreten ist:

Ein Nachkomme von Eva, der ein Mensch ist aber gleichzeitig göttliche Macht haben muss, soll dem Wesen, das aus der Schlange sprach, «den Kopf zermalmen». Aber dieses Wesen, das der Teufel ist, wird dem Menschensohn «die Ferse zermalmen». Jesus, der Menschensohn und gleichzeitig der Sohn Gottes ist, wurde zwar auf Golgatha am Kreuz hingerichtet. Aber da kein Unrecht an IHM zu finden war, hat der den Teufel besiegt und so ihm «den Kopf zermalmt». ER hat der Sünde, dem Tod und dem Teufel die Macht genommen! Der sichtbare Beweis dafür ist, dass er am dritten Tage wieder leiblich vom Tode auferstanden ist!

Warum müssen wir, um das tägliche Brot zu verdienen, gewöhnlich hart arbeiten? Im Bibeltext oben finden wir die Antwort.

20, 21) Und der Mensch gab seiner Frau den Namen Eva, denn *sie* war die Mutter aller Lebendigen. Und Gott der HERR machte Adam und seiner Frau Röcke von Fell und bekleidete sie.

Hier nochmals zurück zur Frage, warum der Mensch sich bekleidet. Zunächst machte sich der Mensch als Spontanreaktion selbst Schürzen aus Feigenblättern. Hier lesen wir nun aber, dass Gott dem Menschen Kleider aus Fell anfertigte und sie bekleidete! Die Bekleidung hat also die Aufgabe, unsere Scham zu bedecken und bietet einen gewissen Schutz vor willkürlichen Begierden und Übergriffen. Zudem machte Gott die Kleider nicht aus Pflanzen, sondern aus Fell! Er musste dazu ein Tier schlachten, wohl ein Schaf, um die Kleider zur Bedeckung des Menschen zu machen!

Warum kennen viele Völker in ihren religiösen Ritualen das Opfer von Tieren oder gar von Menschen, um die Sünde zu tilgen oder einen Fluch abzuwenden?

Hier finden wir die Antwort: Der Mensch hat noch eine Ahnung, dass die Strafe für die Sünde der Tod ist und nur durch den Tod und das Blutvergiessen gesühnt werden kann. Dass Gott ein Tier schlachtete, um sozusagen die Schande des Menschen zu bedecken, ist wiederum ein Bild für das wahre Lamm Gottes, das die Sünden tilgen und wegnehmen kann. Das weist auf Jesus als dem Lamm Gottes hin, das auf Golgatha die Sünden der Welt wegnimmt!

Kapitel 7

Woher kommen die weltweit zu findenden mächtigen Sedimentablagerungen, die teilweise Fossilien enthalten?

Warum isst der Mensch heute auch Fleisch, obwohl er ursprünglich Veganer war?

Warum gibt es viele verschiedene Sprachen unter den Menschen und nicht nur eine?

Als der Aushub für das Fundament unseres neuen Wohnhauses gemacht wurde, kamen viele gewaltige Felsbrocken von Nagelfluh zum Vorschein. Es ist ein Sediment, in dem viele runde Steine eingebettet sind. Diese stammen von einem Bergsturz des Berges, der sich gerade oberhalb von uns befindet.

Gehen wir in den Voralpen oder Alpen wandern, sei es im Glarnerland nebenan wo wir wohnen, in der Zentralschweiz, im Berner-Oberland oder im Jura, sehen wir überall mächtige Ablagerungen von Sedimentgestein. Genauso findet man rund um den Globus Sedimentablagerungen, in denen teilweise Fossilien, das heisst tote Überreste von Lebewesen, sind.

Woher kommen die weltweit zu findenden mächtigen Sedimentablagerungen, die teilweise Fossilien enthalten?

Früher hat man den folgenden Bericht in Genesis Kapitel 6-8 als völlig logische und befriedigende Antwort genommen. Hier nur ein paar Ausschnitte:

1. Buch Mose 22-65) Und der HERR sah, dass des Menschen Bosheit gross war auf der Erde, und alles Gebilde der Gedanken seines Herzens nur böse den ganzen Tag. Und es reute den HERRN, dass er den Menschen gemacht hatte auf der Erde, und es schmerzte ihn in sein Herz hinein. Und der HERR

sprach: Ich will den Menschen, den ich geschaffen habe, von der Fläche des Erdbodens vertilgen, vom Menschen bis zum Vieh, bis zum Gewürm und bis zu den Vögeln des Himmels; denn es reut mich, dass ich sie gemacht habe. Noah aber fand Gnade in den Augen des HERRN.

Dies ist die Geschichte Noahs: Noah war ein gerechter, vollkommener Mann unter seinen Zeitgenossen; Noah wandelte mit Gott. Und Noah zeugte drei Söhne: Sem, Ham und Japhet. Und die Erde war verdorben vor Gott, und die Erde war voll Gewalttat. Und Gott sah die Erde, und siehe, sie war verdorben; denn alles Fleisch hatte seinen Weg verdorben auf der Erde.

Und Gott sprach zu Noah: Das Ende alles Fleisches ist vor mich gekommen; denn die Erde ist voll Gewalttat durch sie; und siehe, ich will sie verderben mit der Erde. Mache dir eine Arche von Gopherholz; mit Kammern sollst du die Arche machen und sie von innen und von außen mit Harz verpichen. Und so sollst du sie machen: 300 Ellen sei die Länge der Arche, 50 Ellen ihre Breite, und 30 Ellen ihre Höhe. Eine Lichtöffnung sollst du der Arche machen, und bis zu einer Elle sollst du sie fertigen von oben her; und die Tür der Arche sollst du in ihre Seite setzen; mit einem unteren, zweiten und dritten Stockwerk sollst du sie machen. Denn ich, siehe, ich bringe die Wasserflut über die Erde, um alles Fleisch unter dem Himmel zu verderben, in dem ein Hauch des Lebens ist; alles, was auf der Erde ist, soll verscheiden. Aber mit dir will ich meinen Bund errichten, und du sollst in die Arche gehen, du und deine Söhne und deine Frau und die Frauen deiner Söhne mit dir. Und von allem Lebendigen, von allem Fleisch, zwei von jeglichem sollst du in die Arche bringen, um sie mit dir am Leben zu erhalten; ein Männliches und ein Weibliches sollen sie sein. Von den Vögeln nach ihrer Art und von dem Vieh nach seiner Art, von allem Gewürm des Erdbodens nach seiner Art:

zwei von jeglichem sollen zu dir hineingehen, um sie am Leben zu erhalten. Und du, nimm dir von aller Speise, die gegessen wird, und sammle sie bei dir auf, dass sie dir und ihnen zur Nahrung sei. Und Noah tat es; nach allem, was Gott ihm geboten hatte, so tat er.

1. Buch Mose 7

10-12) Und es geschah nach sieben Tagen, da kamen die Wasser der Flut über die Erde. Im 600. Jahr des Lebens Noahs, im 2. Monat, am 17. Tag des Monats, an diesem Tag brachen auf alle Quellen der großen Tiefe, und die Fenster des Himmels taten sich auf. Und der Regen fiel auf die Erde 40 Tage und 40 Nächte.

17-24) Und die Flut kam 40 Tage lang über die Erde. Und die Wasser mehrten sich und hoben die Arche empor; und sie erhob sich über die Erde. Und die Wasser nahmen überhand und mehrten sich sehr auf der Erde; und die Arche fuhr auf der Fläche der Wasser. Und die Wasser nahmen gar sehr überhand auf der Erde, und es wurden bedeckt alle hohen Berge, die unter dem ganzen Himmel sind. Die Wasser nahmen 15 Ellen darüber überhand, und die Berge wurden bedeckt. Da verschied alles Fleisch, das sich auf der Erde regte, an Vögeln und an Vieh und an Tieren und an allem Gewimmel, das auf der Erde wimmelte, und alle Menschen; alles starb, in dessen Nase ein Odem des Lebenshauches war, von allem, was auf dem Trockenen war. Und vertilgt wurde alles Bestehende, das auf der Fläche des Erdbodens war, vom Menschen bis zum Vieh, bis zum Gewürm und bis zu den Vögeln des Himmels; und sie wurden vertilgt von der Erde. Und nur Noah blieb übrig und was mit ihm in der Arche war. Und die Wasser hatten überhand auf der Erde 150 Tage.

Diese weltweite Überflutungskatastrophe mit ihren Folgen passt mit dem, was wir in der Natur finden, überein.

In allen Kontinenten finden wir übrigens unter den «Naturvölkern» Überlieferungen von einer weltweiten Flut mit sehr ähnlichen Elementen, wie sie im Bericht der Genesis beschrieben wird!

Vor ca. 200 Jahren kam aber trotzdem eine neue Idee auf. Es wurde angenommen, dass es nicht eine oder mehrere Katastrophen gab, sondern dass die Prozesse seit eh und je die gleichen waren und mit der gleichen Geschwindigkeit abgelaufen sind. Man ging davon aus, dass die Sedimentation so langsam vor sich ging wie heute und deswegen die Welt sehr alt sein muss, bis diese Schichten abgelagert worden sind. Diese Idee passte dann natürlich mit einer Evolutionslehre, die sehr lange Zeiträume voraussetzen würde, gut zusammen. Nur lassen viele Befunde sowohl aus den Gesteinsschichten wie bei den Fossilien auf eine sehr schnelle Ablagerung und Einbettung schliessen, die durch eine Katastrophe verursacht wurden. Zum Beispiel gibt es viele Fossilien von Baumstämmen, die durch viele Schichten durchgehen oder was ich schon oft selbst gesehen habe, dass ein Raubfisch gerade einen kleinen Fisch frisst. Da muss es eine ganz plötzliche Einbettung gegeben haben! Seit einigen Jahrzenten geht man allgemein von einem Modell aus, bei dem lange Perioden von langsamen Prozessen sich mit Katastrophen abwechselten. Auch wenn die detaillierte Interpretation der Ablagerungen und Fossilien schwierig ist, ist der weltweite Befund grundlegend passend mit der Sintflut. Zudem gibt der Bericht in der Genesis nicht nur die Information, dass eine solche weltweite Sintflut stattgefunden hat, sondern erklärt auch den Grund! Dies ist wiederum eine für Verstand und Geist vollkommen befriedigende Antwort!

Wie damals vor der Sintflut ist die Menschheit heute als Ganzes im genau gleichen Zustand. Hier führe ich den Vergleich, den Jesus Christus, der Sohn Gottes, macht, auf:

Evangelium nach Matthäus 24

35-51) Der Himmel und die Erde werden vergehen, meine Worte aber sollen *nicht* vergehen. Von jenem Tag aber und jener Stunde weiss niemand, auch nicht die Engel der Himmel, sondern mein Vater allein. Aber wie die Tage Noahs waren, so wird auch die Ankunft des Sohnes des Menschen sein. Denn wie sie in den Tagen vor der Flut waren: Sie assen und tranken, sie heirateten und verheirateten bis zu dem Tag als Noah in die Arche ging, und sie es nicht erkannten, bis die Flut kam und alle wegraffte, so wird auch die Ankunft des Sohnes des Menschen sein. Dann werden zwei auf dem Feld sein, einer wird genommen und einer gelassen; zwei Frauen werden an dem Mühlstein mahlen, eine wird genommen und eine gelassen. Wacht so, denn ihr wisst nicht, an welchem Tag euer Herr kommt. Jenes aber erkennt: Wenn der Hausherr gewusst hätte, in welcher Wache der Dieb komme, so würde er wohl gewacht und nicht erlaubt haben, dass sein Haus durchgraben würde. Deshalb auch ihr, seid bereit! Denn in der Stunde, in der ihr es nicht meint, kommt der Sohn des Menschen.

Wer ist nun der treue und kluge Knecht, den sein Herr über sein Gesinde gesetzt hat, um ihnen die Speise zu geben zur rechten Zeit? Glückselig jener Knecht, den sein Herr, wenn er kommt, damit beschäftigt finden wird! Wahrlich, ich sage euch, er wird ihn über seine ganze Habe setzen. Wenn aber jener böse Knecht in seinem Herzen sagt: Mein Herr verzieht zu kommen, und anfängt, seine Mitknechte zu schlagen, und isst und trinkt mit den Betrunkenen, so wird der Herr jenes Knechtes kommen an einem Tag, an dem er es nicht erwartet, und in einer Stunde, die er nicht weiss, und wird ihn entzweischneiden und ihm sein Teil setzen mit

den Heuchlern: Da wird sein das Weinen und das Zähneknirschen.

Es wird hier nicht gesagt, dass Essen, Trinken und Heiraten an sich verkehrt wären. Das Problem liegt darin, dass die meisten Menschen damals wie heute nur noch mit Essen, Trinken und Heiraten - also mit dem Materiellen - beschäftigt sind. Sie haben damals wie heute ihren Schöpfer ignoriert und so getan, als ob es IHN nicht gibt! Sie taten und tun alles, ohne nach seinem Willen zu fragen, IHN zu ehren und IHM zu danken. Essen zu geniessen ist nicht verkehrt. Aber zu essen, ohne dafür Gott dankbar zu sein, ist verkehrt! Eine Frau zu suchen und zu heiraten ist nicht verkehrt, aber das zu tun, ohne ernstlich nach Gottes Willen zu fragen, das ist verkehrt!

Warum isst der Mensch heute auch Fleisch, obwohl er ursprünglich Vegetarier war?

1. Buch Mose 9

1-3) Und Gott segnete Noah und seine Söhne und sprach zu ihnen: Seid fruchtbar und vermehrt euch und füllt die Erde; und die Furcht und der Schrecken vor euch sei auf allen Tieren der Erde und auf allen Vögeln des Himmels! Alles, was sich auf dem Erdboden regt, und alle Fische des Meeres, in eure Hände sind sie gegeben: Alles, was sich regt, was da lebt, soll euch zur Speise sein; wie das grüne Kraut gebe ich es euch alles.

Die aktuelle vegane Welle hat ihren Ursprung übrigens in esoterischen Religionen.

Ich esse also gerne und mit gutem Gewissen Fleisch!

Warum gibt es viele verschiedene Sprachen unter den Menschen und nicht nur eine?

Mit der Evolutionstheorie ist nicht einmal die Entstehung einer Sprache erklärbar. Gemäss dieser Theorie ist es höchst unwahrscheinlich, dass sich überhaupt eine Sprache heranbildet. Es braucht ja das Zusammenspiel von Gehirn, Rachen, Kehlkopf, Stimmbänder, Zunge usw. und eine Abstimmung zwischen Sender und Empfänger. Nur schon die Entstehung einer Sprache, in der Vergangenheit, Gegenwart und Zukunft in mündlicher und schriftlicher Form ausgedrückt werden kann, ist sehr unwahrscheinlich. Wie wäre es so möglich, dass es so viele sehr verschiedene Sprachen gibt? Übrigens sind viele der Sprachen der sogenannten primitiven Naturvölker wesentlich komplexer als z.B. Englisch oder auch Deutsch.

Der folgende Bericht ist eine überzeugende Erklärung, warum es verschiedene Sprachen gibt und was die Ursache dafür ist:

1. Buch Mose 11

1-9) Und die ganze Erde hatte *eine* Sprache und einerlei Worte. Und es geschah, als sie nach Osten zogen, da fanden sie eine Ebene im Land Sinear und wohnten dort. Und sie sprachen einer zum anderen: Wohlan, lasst uns Ziegel streichen und hart brennen! Und der Ziegel diente ihnen als Stein, und das Erdharz diente ihnen als Mörtel. Und sie sprachen: Wohlan, bauen wir uns eine Stadt und einen Turm, dessen Spitze an den Himmel reiche, und machen wir uns einen Namen, dass wir nicht zerstreut werden über die ganze Erde! Und der HERR fuhr herab, die Stadt und den Turm zu sehen, die die Menschenkinder bauten. Und der HERR sprach: Siehe, sie sind ein Volk und haben alle eine Sprache, und dies haben sie

angefangen zu tun; und nun wird ihnen nichts verwehrt werden, was sie zu tun ersinnen. Wohlan, lasst uns herabfahren und ihre Sprache dort verwirren, dass sie einer des anderen Sprache nicht verstehen! Und der HERR zerstreute sie von dort über die ganze Erde; und sie hörten auf, die Stadt zu bauen. Darum gab man ihr den Namen Babel; denn dort verwirrte der HERR die Sprache der ganzen Erde, und von dort zerstreute sie der HERR über die ganze Erde.

Ursprünglich gab es nur eine Sprache, mit der die Menschen kommunizierten! Genauso wie vor der Sintflut lebten die Menschen auch danach ohne Gott und wollten sich mit dem Turmbau und einer Stadt sich selbst einen Namen machen und sozusagen Gott provozieren!

Gott hat dem aber nicht weiter zugesehen, sondern durch eine Sprachverwirrung die Verständigung untereinander und damit das Zusammenarbeiten unterbrochen! Es ist ein weiteres Gerichtshandeln Gottes!

Kapitel 8

Was ist das Besondere am Volk Israel? Ist es das von Gott auserwählte Volk?

In der Apostelgeschichte erhalten wir von Stephanus, der wegen falscher Anschuldigungen sich vor dem Hohen Rat verantworten musste, eine kurze Zusammenfassung über ihre Geschichte:

Apostelgeschichte 7

1-53) Der Hohepriester aber sprach: Ist [denn] dieses so? Er aber sprach: Brüder und Väter, hört! Der Gott der Herrlichkeit erschien unserem Vater Abraham, als er in Mesopotamien war, ehe er in Haran wohnte, und sprach zu ihm: „Geh aus deinem Land und aus deiner Verwandtschaft, und komm in das Land, das ich dir zeigen werde". Da ging er aus dem Land der Chaldäer und wohnte in Haran; und von da übersiedelte er ihn, nachdem sein Vater gestorben war, in dieses Land, in dem ihr jetzt wohnt. Und er gab ihm kein Erbe darin, auch nicht einen Fussbreit; und er verhiess, es ihm zum Besitztum zu geben und seinen Nachkommen nach ihm, als er kein Kind hatte. Gott aber sprach so: „Seine Nachkommenschaft werden Fremde sein in fremdem Land, und man wird sie knechten und misshandeln 400 Jahre. Und die Nation, der sie dienen werden, werde *ich* richten", sprach Gott, „und danach werden sie ausziehen und mir dienen an diesem Ort". Und er gab ihm den Bund der Beschneidung; und so zeugte er den Isaak und beschnitt ihn am achten Tag, und Isaak den Jakob, und Jakob die zwölf Patriarchen. Und die Patriarchen, neidisch auf Joseph, verkauften ihn nach Ägypten. Und Gott war mit ihm und rettete ihn aus allen seinen Drangsalen und gab ihm Gunst und Weisheit vor Pharao, dem König von Ägypten; und er setzte ihn zum Verwalter über Ägypten und sein ganzes

Haus. Es kam aber eine Hungersnot über das ganze [Land] Ägypten und Kanaan, und eine große Drangsal, und unsere Väter fanden keine Speise. Als aber Jakob hörte, dass in Ägypten Getreide sei, sandte er unsere Väter zum ersten Mal aus. Und beim zweiten Mal wurde Joseph von seinen Brüdern wiedererkannt, und dem Pharao wurde das Geschlecht Josephs offenbar. Joseph aber sandte hin und liess seinen Vater Jakob holen und die ganze Verwandtschaft mit 75 Seelen. Jakob aber zog hinab nach Ägypten und starb, er und unsere Väter; und sie wurden nach Sichem hinübergebracht und in die Grabstätte gelegt, die Abraham für eine Summe Geld von den Söhnen Hemors, des Vaters Sichems, kaufte. Als aber die Zeit der Verheissung nahte, die Gott dem Abraham zugesagt hatte, wuchs das Volk und vermehrte sich in Ägypten, bis ein anderer König über Ägypten aufstand, der Joseph nicht kannte. Dieser handelte mit List gegen unser Geschlecht und misshandelte die Väter, so dass sie ihre Kinder aussetzen mussten, damit sie nicht am Leben blieben. In dieser Zeit wurde Mose geboren, und er war ausnehmend schön; und er wurde drei Monate aufgezogen in dem Haus des Vaters. Als er aber ausgesetzt worden war, nahm ihn die Tochter Pharaos zu sich und zog ihn auf, sich zum Sohn. Und Mose wurde unterwiesen in aller Weisheit der Ägypter; er war aber mächtig in seinen Worten und Werken. Als er aber ein Alter von 40 Jahren erreicht hatte, kam es in seinem Herzen auf, nach seinen Brüdern, den Söhnen Israels, zu sehen. Und als er einen Unrecht leiden sah, verteidigte er ihn und rächte den Unterdrückten, indem er den Ägypter erschlug. Er meinte aber, seine Brüder würden verstehen, dass Gott durch seine Hand ihnen Rettung gebe; sie aber verstanden es nicht. Und am folgenden Tag zeigte er sich ihnen, als sie sich stritten, und trieb sie zum Frieden, indem er sagte: Ihr seid Brüder, warum tut ihr einander unrecht? Der aber dem Nächsten unrecht tat, stiess ihn weg und sprach: Wer hat dich zum Obersten und Richter über uns gesetzt?

Willst du mich etwa umbringen, wie du gestern den Ägypter umgebracht hast? Mose aber entfloh bei diesem Wort und wurde ein Fremder im Land Midian, wo er zwei Söhne zeugte. Und als 40 Jahre verflossen waren, erschien ihm in der Wüste des Berges Sinai ein Engel in einer Feuerflamme eines Dornbusches. Als aber Mose es sah, verwunderte er sich über das Gesicht; während er aber hinzutrat, es zu betrachten, geschah eine Stimme des Herrn: „Ich bin der Gott deiner Väter, der Gott Abrahams und Isaaks und Jakobs". Mose aber erzitterte und wagte nicht es zu betrachten. Der Herr aber sprach zu ihm: „Löse die Sandale von deinen Füßen, denn der Ort, auf dem du stehst, ist heiliges Land. Gesehen habe ich die Misshandlung meines Volkes, das in Ägypten ist, und ihr Seufzen habe ich gehört, und ich bin herabgekommen, sie herauszureissen. Und nun komm, ich will dich nach Ägypten senden." Diesen Mose, den sie verleugneten, indem sie sagten: „Wer hat dich zum Obersten und Richter gesetzt?" diesen hat Gott zum Obersten und Retter gesandt mit der Hand des Engels, der ihm in dem Dornbusch erschien. Dieser führte sie heraus, indem er Wunder und Zeichen tat im Land Ägypten und im Roten Meer und in der Wüste, 40 Jahre. Dieser ist der Mose, der zu den Söhnen Israels sprach: „Einen Propheten wird euch Gott aus euren Brüdern erwecken, gleich mir; [ihn sollt ihr hören]". Dieser ist es, der in der Versammlung in der Wüste mit dem Engel, der auf dem Berg Sinai zu ihm redete, und mit unseren Vätern gewesen ist; der lebendige Aussprüche empfing, um sie uns zu geben; dem unsere Väter nicht gehorsam sein wollten, sondern stiessen ihn von sich und wandten sich in ihren Herzen nach Ägypten zurück, indem sie zu Aaron sagten: „Mache uns Götter, die vor uns herziehen sollen; denn dieser Mose, der uns aus dem Land Ägypten geführt hat — wir wissen nicht, was ihm geschehen ist". Und sie machten ein Kalb in jenen Tagen und brachten dem Götzenbild ein Schlachtopfer und ergötzten sich an den Werken ihrer Hände. Gott aber wandte sich ab und gab sie dahin, dem Heer des Himmels zu dienen, wie geschrieben steht im Buch der Propheten: „Habt ihr etwa mir 40 Jahre in der Wüste Opfertiere und Schlachtopfer dargebracht, Haus Israel? Ja, ihr nahmt die Hütte des Moloch auf und das Gestirn [eures] Gottes Raiphan, die Bilder, die ihr gemacht hattet, sie anzubeten; und ich werde euch verpflanzen über Babylon hinaus". Unsere Väter hatten die Hütte des Zeugnisses in der Wüste, wie der, der zu Mose redete, befahl, sie nach dem Muster zu machen, das er gesehen hatte; die auch unsere Väter überkamen und mit Josua einführten bei der Besitzergreifung des Landes der Nationen, die Gott austrieb von dem Angesicht unserer Väter weg, bis zu den Tagen Davids, der Gnade fand vor Gott und eine Wohnstätte zu finden begehrte für den Gott Jakobs. Salomo aber baute ihm ein Haus. Aber der Höchste wohnt nicht in Wohnungen, die mit Händen gemacht sind, wie der Prophet spricht: „Der Himmel ist mein Thron und die Erde der Schemel meiner Füsse. Was für ein Haus wollt ihr mir bauen, spricht der Herr, oder was ist der Ort meiner Ruhe? Hat nicht meine Hand dies alles gemacht?"

Ihr Halsstarrigen und Unbeschnittenen an Herz und Ohren! Ihr widerstreitet allezeit dem Heiligen Geist; wie eure Väter, so auch ihr. Welchen der Propheten haben eure Väter nicht verfolgt? Und sie haben die getötet, die die Ankunft des Gerechten zuvor verkündigten, dessen Verräter und Mörder ihr jetzt geworden seid, die ihr das Gesetz durch Anordnung von Engeln empfangen und nicht beobachtet habt.

Gott wählte sich ein Mann namens Abraham aus, um aus ihm ein Volk entstehen zu lassen, mit dem ER seine Herrlichkeit, Güte, Strenge und Macht aller Welt als Vorbild demonstrieren wollte.

Das Volk Israel war aber wegen ihrem Ungehorsam unter alle Völker zerstreut worden.

Wie kommt es, dass seit über 100 Jahren viele vom Volk Israel wieder nach Israel zurückkehren und 1948 nach ca. 2000 Jahren wieder ein Staat Israel gegründet wurde?

Es gibt dazu viele Vorhersagen in den alten Schriften. Hier ist nur ein Beispiel:

Jeremia 31

7-14) Denn so spricht der HERR: Jubelt über Jakob mit Freuden und jauchzt an der Spitze der Nationen! Lobsingt laut und sprecht: Rette dein Volk, HERR, den Überrest Israels! Siehe, ich bringe sie aus dem Land des Nordens und sammle sie von dem äussersten Ende der Erde, unter ihnen Blinde und Lahme, Schwangere und Gebärende allzumal; in grosser Versammlung kehren sie hierher zurück. Mit Weinen kommen sie, und unter Flehen leite ich sie; ich führe sie zu Wasserbächen auf einem ebenen Weg, auf dem sie nicht stolpern werden. Denn ich bin Israel zum Vater geworden, und Ephraim ist mein Erstgeborener.

Hört das Wort des HERRN, ihr Nationen, und meldet es auf den fernen Inseln und sprecht: Der Israel zerstreut hat, wird es wieder sammeln und es hüten wie ein Hirte seine Herde. Denn der HERR hat Jakob losgekauft und hat ihn erlöst aus der Hand dessen, der stärker war als er. Und sie werden kommen und jubeln auf der Höhe Zions und herbeiströmen zu den Gütern des HERRN: zum Korn und zum Most und zum Öl und zu den jungen Schafen und Rindern; und ihre Seele wird sein wie ein bewässerter Garten, und sie werden von da an nicht mehr verschmachten. Dann wird die

Jungfrau sich freuen im Reigen, und Jünglinge und Greise allzumal; und ich will ihre Trauer in Freude verwandeln und sie trösten und will sie erfreuen, indem ich sie von ihrem Kummer befreie. Und ich will die Seele der Priester laben mit Fett, und mein Volk wird sich an meinen Gütern sättigen, spricht der HERR.

Seit 1882 kamen in verschieden Wellen Juden vor allem aus Europa (besonders aus Osteuropa und Russland) aber auch aus der übrigen Welt wieder in ihr ursprüngliches Heimatland zurück; sie kehrten oft aus Ländern nach Israel zurück, in denen sie verfolgt wurden. Eine klare Erfüllung der Verheissungen!

Am 14. Mai 1948 wurde offiziell nach beinahe 2000 Jahre der Staat Israel wieder gegründet. Sofort begann ein übermächtiger militärischer Angriff der arabischen Nachbarstaaten. Wie durch ein Wunder konnte Israel nicht nur die Unabhängigkeit verteidigen, sondern gewann sogar noch Gebiete dazu! Wiederholt sollte Israel vernichtet werden. Im Sechs-Tage-Krieg 1967 konnte Israel wieder entscheidende Gebiete wie u.a. Ost-Jerusalem und das Westjordanland dazugewinnen! Ein weiterer Versuch, um gegen Israel zu vorzugehen, war der Jom-Kippur-Krieg 1973. Beständig ist Israel Angriffen ausgesetzt.

Vor unseren Augen erfüllen sich Vorhersagen aus den alten Schriften, die sich in der Bibel befinden! Dies ist ein echter historischer Beweis, dass diese Person, die in der Dimension der Ewigkeit wohnt und die Geschichte überblicken kann, dahintersteht!

Im nächsten Kapitel geht es um die höchst präzisen Erfüllungen von Vorankündigungen und Voraussagen über einen Gerechten, einen Erlöser, einen Messias, den Sohn Gottes und zugleich Sohn des Menschen!

Kapitel 9

Ist Jesus Christus der Sohn Gottes dieser unsichtbaren Person, die in der ewigen Dimension wohnt und das ganze Universum geschaffen hat?

Auf alle Fälle ist Jesus Christus nicht einfach irgendein Religionsstifter oder ähnliches, der lebte und wieder starb! Es ist keine Person, die ohne weiteren historischen Bezug auftauchte und wieder verschwand!

Zur Beantwortung dieser Frage gibt es eine sehr grosse Fülle von Indizien, welche ich in folgende Bereiche einteilen werde:

a) Als Jesus Christus vor ca. 2000 Jahren auf dieser Erde als Mensch lebte, erfüllten sich viele Voraussagen der alten Schriften sehr genau.

b) Die Taten, die Jesus vollbrachte.

c) Was er sagte oder lehrte.

d) Sein Tod und seine leibliche Auferstehung vom Tode.

a) Erfüllung von Vorhersagen:

Ich will einfach einige Ausschnitte nach dem Bericht vom Evangelium von Matthäus herausnehmen:

Evangelium nach Matthäus 1

18-25) Die Geburt Jesu Christi war aber so: Als nämlich Maria, seine Mutter, dem Joseph verlobt war, *wurde sie, ehe sie zusammengekommen waren, schwanger von dem Heiligen Geist.* Joseph aber, ihr Mann, indem er gerecht war und sie nicht öffentlich zur Schau

stellen wollte, gedachte sie heimlich zu entlassen. Indem er aber dies bei sich überlegte, siehe, da erschien ihm ein Engel des Herrn im Traum und sprach: Joseph, Sohn Davids, fürchte dich nicht, Maria, deine Frau, zu dir zu nehmen; denn das in ihr Gezeugte ist von dem Heiligen Geist. Und sie wird einen Sohn gebären, und du sollst seinen Namen Jesus nennen; denn *er* wird sein Volk erretten von ihren Sünden. *Dies alles geschah aber, damit erfüllt würde, was von dem Herrn geredet ist durch den Propheten, der spricht: „Siehe, die Jungfrau wird schwanger sein und einen Sohn gebären,* und sie werden seinen Namen Emmanuel nennen", was übersetzt ist: Gott mit uns. (Jes 7, 14) Joseph aber, vom Schlaf erwacht, tat, wie ihm der Engel des Herrn befohlen hatte, und nahm seine Frau zu sich; und er erkannte sie nicht, bis sie ihren erstgeborenen Sohn geboren hatte; und er nannte seinen Namen Jesus.

Evangelium nach Matthäus 2

1-6) Als aber *Jesus in Bethlehem in Judäa geboren* war, in den Tagen Herodes', des Königs, siehe, da kamen Magier vom Morgenland nach Jerusalem, die sprachen: Wo ist der König der Juden, der geboren worden ist? Denn wir haben seinen Stern im Morgenland gesehen und sind gekommen, ihm zu huldigen.

Als aber der König Herodes es hörte, wurde er bestürzt und ganz Jerusalem mit ihm; und er versammelte alle Hohenpriester und Schriftgelehrten des Volkes und erkundigte sich bei ihnen, wo der Christus geboren werden solle. Sie aber sagten ihm: *In Bethlehem in Judäa; denn so steht durch den Propheten geschrieben: „Und du, Bethlehem, Land Juda, bist keineswegs die Geringste unter den Fürsten Judas; denn aus dir wird ein Führer hervorkommen, der mein Volk Israel weiden wird".* (Mich 5, 1)

13-18) Als sie aber hingezogen waren, siehe, da erscheint ein Engel des Herrn dem Joseph im Traum und spricht: Steh auf, nimm das Kind und seine Mutter zu dir und *fliehe nach Ägypten,* und sei dort, bis ich es dir sage; denn Herodes wird das Kind suchen, um es umzubringen. Er aber stand auf, nahm das Kind und seine Mutter des Nachts zu sich und zog hin nach Ägypten. Und er war dort bis zum Tod Herodes', *damit erfüllt würde, was von dem Herrn geredet ist durch den Propheten, der spricht: „Aus Ägypten habe ich meinen Sohn gerufen".* (Hos 11,1) Da ergrimmte Herodes sehr, als er sah, dass er von den Magiern hintergangen worden war; und er sandte hin *und liess alle Knaben töten, die in Bethlehem und in allen seinen Grenzen waren,* von zwei Jahren und darunter, nach der Zeit, die er von den Magiern genau erforscht hatte. *Da wurde erfüllt, was durch den Propheten Jeremia geredet ist, der spricht: „Eine Stimme ist in Rama gehört worden, Weinen und viel Wehklagen: Rahel beweint ihre Kinder, und sie wollte sich nicht trösten lassen, weil sie nicht mehr sind".* (Jer 31,15)

Hier mache ich noch eine Einfügung eines Ereignisses, bei dem eine Stimme aus dem Himmel sprach:

Evangelium nach Matthäus 3

13-17) Dann kommt Jesus aus Galiläa an den Jordan zu Johannes, um von ihm getauft zu werden. Johannes aber wehrte ihm und sprach: *Ich* habe nötig von dir getauft zu werden, und *du* kommst zu mir? Jesus aber antwortete und sprach zu ihm: Lass es jetzt so sein; denn so gebührt es uns, alle Gerechtigkeit zu erfüllen. Dann lässt er es ihm zu. Und als Jesus getauft war, stieg er sogleich von dem Wasser herauf; und siehe, die Himmel wurden ihm aufgetan, und er sah den Geist Gottes wie eine Taube herabfahren und auf ihn kommen. *Und siehe, eine Stimme kommt aus den*

Himmeln, die spricht: Dieser ist mein geliebter Sohn,
an dem ich Wohlgefallen gefunden habe.

Evangelium nach Matthäus 4

12-17) Als er aber gehört hatte, dass Johannes überliefert worden war, entwich er nach Galiläa; und er verliess Nazareth und kam und *wohnte in Kapernaum, das am See liegt, in dem Gebiet von Sebulon und Nephtalim, damit erfüllt würde, was durch den Propheten Jesaja geredet ist, der spricht: „Land Sebulon und Land Nephtalim, gegen den See hin, jenseits des Jordan, Galiläa der Nationen: Das Volk, das in Finsternis sass, hat ein großes Licht gesehen, und denen, die im Land und Schatten des Todes saßen, Licht ist ihnen aufgegangen".* **(Jes 8, 23 und 9,1) Von da an begann Jesus zu predigen und zu sagen: Tut Busse, denn das Reich der Himmel ist nahe gekommen.**

Jesus sagte auch selbst seinen Tod und seine Auferstehung voraus:

Evangelium nach Matthäus 16

21) Von der Zeit an begann Jesus seinen Jüngern zu zeigen, dass er nach Jerusalem hingehen müsse und von den Ältesten und Hohenpriestern und Schriftgelehrten vieles leiden, und getötet und am dritten Tag auferweckt werden müsse.

Nochmals eine Stimme vom Himmel:

Evangelium nach Matthäus 17

5) Während er noch redete, siehe, da überschattete sie eine lichte Wolke, und siehe, eine Stimme kam aus der Wolke, die sprach: Dieser ist mein geliebter Sohn, an dem ich Wohlgefallen gefunden habe; ihn hört.

Evangelium nach Matthäus 21

4-17) *Dies alles aber ist geschehen, damit erfüllt würde, was durch den Propheten geredet ist, der spricht: „Sagt der Tochter Zion: Siehe, dein König kommt zu dir, sanftmütig und reitend auf einer Eselin und auf einem Füllen, des Lasttiers Jungen".* Als aber die Jünger hingegangen waren und getan hatten, wie Jesus ihnen aufgetragen, *brachten sie die Eselin und das Füllen und legten ihre Kleider auf sie, und er setzte sich auf dieselben.* (Sach 9,9) Und eine sehr grosse Volksmenge breitete ihre Kleider aus auf den Weg; andere aber hieben Zweige von den Bäumen und streuten sie auf den Weg. Die Volksmengen aber, die vor ihm hergingen und nachfolgten, riefen und sprachen: Hosanna dem Sohn Davids! Gepriesen sei, der im Namen des Herrn kommt! Hosanna in der Höhe! Und als er in Jerusalem einzog, kam die ganze Stadt in Bewegung und sprach: Wer ist dieser? Die Volksmengen aber sagten: Dieser ist Jesus, der Prophet, der von Nazareth in Galiläa.

Hier sind die Aussagen des römischen Hauptmannes und seiner Leute, die Jesus durch Kreuzigung hinrichteten:

Evangelium nach Matthäus 27

54) Als aber der Hauptmann und die mit ihm Jesus bewachten das Erdbeben sahen und das, was geschah, fürchteten sie sich sehr und sprachen: Wahrhaftig, dieser war Gottes Sohn!

b) Die Taten, die Jesus vollbrachte:

Ich gebe hier eine ganz kurze Zusammenfassung:

Evangelium nach Matthäus 11

2-6) Als aber Johannes im Gefängnis die Werke des Christus hörte, sandte er durch seine Jünger und liess ihm sagen: Bist *du* der Kommende, oder sollen wir auf einen anderen warten? Und Jesus antwortete und sprach zu ihnen: Geht hin und verkündet Johannes, was ihr hört und seht: Blinde werden sehend und Lahme wandeln, Aussätzige werden gereinigt und Taube hören und Tote werden auferweckt und Armen wird gute Botschaft verkündigt; und glückselig ist, wer sich nicht an mir ärgern wird!

Er konnte auch die Naturgesetzte durchbrechen:

Evangelium nach Matthäus 14

22-33) Und sogleich nötigte er die Jünger, in das Schiff zu steigen und ihm an das jenseitige Ufer vorauszufahren, bis er die Volksmengen entlassen habe. Und als er die Volksmengen entlassen hatte, stieg er auf den Berg besonders, um zu beten. Als es aber Abend geworden war, war er dort allein. Das Schiff aber war schon mitten auf dem See und litt Not von den Wellen, denn der Wind war ihnen entgegen. Aber in der vierten Nachtwache kam er zu ihnen, wandelnd auf dem See. Und als die Jünger ihn auf dem See wandeln sahen, wurden sie bestürzt und sprachen: Es ist ein Gespenst! Und sie schrien vor Furcht. Sogleich aber redete Jesus zu ihnen und sprach: Seid guten Mutes, *ich* bin es; fürchtet euch nicht! Petrus aber

antwortete ihm und sprach: Herr, wenn du es bist, so befiehl mir, zu dir zu kommen auf den Wassern. Er aber sprach: Komm! Und Petrus stieg aus dem Schiff und wandelte auf den Wassern, um zu Jesus zu kommen. Als er aber den starken Wind sah, fürchtete er sich; und als er anfing zu sinken, schrie er und sprach: Herr, rette mich! Sogleich aber streckte Jesus die Hand aus, ergriff ihn und spricht zu ihm: Kleingläubiger, warum zweifeltest du? Und als sie in das Schiff gestiegen waren, legte sich der Wind. Die aber in dem Schiff waren, kamen und warfen sich vor ihm nieder und sprachen: Wahrhaftig, du bist Gottes Sohn!

c) Was Jesus sagte und lehrte ist in der sogenannten «Bergpredigt» am besten ausgedrückt:

Evangelium nach Matthäus 5

1-48) Als er aber die Volksmengen sah, stieg er auf den Berg; und als er sich gesetzt hatte, traten seine Jünger zu ihm. Und er tat seinen Mund auf, lehrte sie und sprach: Glückselig die Armen im Geist, denn *ihrer* ist das Reich der Himmel. Glückselig die Trauernden, denn *sie* werden getröstet werden. Glückselig die Sanftmütigen, denn *sie* werden das Land erben. Glückselig die nach der Gerechtigkeit hungern und dürsten, denn *sie* werden gesättigt werden. Glückselig die Barmherzigen, denn *ihnen* wird Barmherzigkeit widerfahren. Glückselig die reinen Herzens sind, denn *sie* werden Gott schauen. Glückselig die Friedensstifter, denn sie werden Söhne Gottes heissen. Glückselig die um Gerechtigkeit willen Verfolgten, denn *ihrer* ist das Reich der Himmel. Glückselig seid ihr, wenn sie euch schmähen und verfolgen und jedes böse Wort lügnerisch gegen euch reden werden um meinetwillen. Freut euch und frohlockt, denn euer

Lohn ist groß in den Himmeln; denn so haben sie die Propheten verfolgt, die vor euch waren.

Ihr seid das Salz der Erde; wenn aber das Salz kraftlos geworden ist, womit soll es gesalzen werden? Es taugt zu nichts mehr, als hinausgeworfen und von den Menschen zertreten zu werden.

Ihr seid das Licht der Welt; eine Stadt, die oben auf einem Berg liegt, kann nicht verborgen sein. Man zündet auch nicht eine Lampe an und setzt sie unter den Scheffel, sondern auf das Lampengestell, und sie leuchtet allen, die im Haus sind. Ebenso lasst euer Licht leuchten vor den Menschen, damit sie eure guten Werke sehen und euren Vater, der in den Himmeln ist, verherrlichen.

Wähnt nicht, dass ich gekommen sei, das Gesetz oder die Propheten aufzulösen; ich bin nicht gekommen, aufzulösen, sondern zu erfüllen. Denn wahrlich, ich sage euch: Bis der Himmel und die Erde vergehen, soll auch nicht *ein* Jota oder *ein* Strichlein von dem Gesetz vergehen, bis alles geschehen ist. Wer nun eines dieser geringsten Gebote auflöst und so die Menschen lehrt, wird der Geringste heissen im Reich der Himmel; wer sie aber tut und lehrt, dieser wird gross heissen im Reich der Himmel. Denn ich sage euch: Wenn nicht eure Gerechtigkeit vorzüglicher ist als die der Schriftgelehrten und Pharisäer, so werdet ihr *nicht* in das Reich der Himmel eingehen.

Ihr habt gehört, dass zu den Alten gesagt ist: Du sollst nicht töten; jeder aber, der töten wird, wird dem Gericht verfallen sein. *Ich* aber sage euch: Jeder, der seinem Bruder [ohne Grund] zürnt, dem Gericht verfallen sein wird; jeder aber, der zu seinem Bruder sagt: Dummkopf! Dem Synedrium verfallen sein wird; jeder aber, der sagt: Du Narr! Der Hölle des Feuers verfallen sein wird. Wenn du nun deine Gabe darbringst zu dem Altar und dich dort erinnerst, dass dein Bruder etwas gegen dich habe, so lass dort deine Gabe vor dem Altar und geh zuvor hin, versöhne dich mit deinem Bruder; und dann komm und bring deine Gabe dar. Komm deinem Gegner schnell entgegen, während du mit ihm auf dem Weg bist; damit nicht etwa die Gegenpartei dich dem Richter überliefere, und der Richter dich dem Diener überliefere, und du ins Gefängnis geworfen wirst. Wahrlich, ich sage dir: Du wirst *nicht* von dort herauskommen, bis du auch den letzten Cent bezahlt hast.

Ihr habt gehört, dass gesagt ist: Du sollst nicht ehebrechen. *Ich* aber sage euch, dass jeder, der eine Frau ansieht, ihrer zu begehren, schon Ehebruch mit ihr begangen hat in seinem Herzen. Wenn aber dein rechtes Auge dich ärgert, so reiss es aus und wirf es von dir; denn es ist dir nütze, dass eines deiner Glieder umkomme und nicht dein ganzer Leib in die Hölle geworfen werde. Und wenn deine rechte Hand dich ärgert, so hau sie ab und wirf sie von dir; denn es ist dir nütze, dass eines deiner Glieder umkomme und nicht dein ganzer Leib in die Hölle geworfen werde.

Es ist aber gesagt: Wer seine Frau entlassen wird, gebe ihr einen Scheidebrief. *Ich* aber sage euch: Jeder, der seine Frau entlassen wird, außer auf Grund von Hurerei, macht, dass sie Ehebruch begeht; und jeder, der eine Entlassene heiratet, begeht Ehebruch.

Wiederum habt ihr gehört, dass zu den Alten gesagt ist: Du sollst nicht fälschlich schwören, du sollst aber dem Herrn deine Eide erfüllen. *Ich* aber sage euch: Schwört überhaupt nicht; weder bei dem Himmel, denn er ist Gottes Thron; noch bei der Erde, denn sie ist seiner Füsse Schemel; noch bei Jerusalem, denn sie ist des großen Königs Stadt; noch sollst du bei deinem Haupt schwören, denn du vermagst nicht, *ein* Haar weiß oder schwarz zu machen. Es sei aber eure Rede: Ja, ja; nein, nein; was aber mehr ist als dieses, ist aus dem Bösen.

Ihr habt gehört, dass gesagt ist: Auge um Auge und Zahn um Zahn. *Ich* aber sage euch: Widersteht nicht dem Bösen, sondern wer dich auf deinen rechten Backen schlagen wird, dem biete auch den anderen dar; und dem, der mit dir vor Gericht gehen und deinen Leibrock nehmen will, dem lass auch den Mantel. Und wer dich zwingen wird, *eine* Meile zu gehen, mit dem geh zwei. Gib dem, der dich bittet, und weise den nicht ab, der von dir borgen will.

Ihr habt gehört, dass gesagt ist: Du sollst deinen Nächsten lieben und deinen Feind hassen. *Ich* aber sage euch: Liebt eure Feinde, [segnet, die euch fluchen, tut wohl denen, die euch hassen,] und betet für die, die euch [beleidigen und] verfolgen, damit ihr Söhne eures Vaters seid, der in den Himmeln ist; denn er lässt seine Sonne aufgehen über Böse und Gute und lässt regnen über Gerechte und Ungerechte. Denn wenn ihr liebt, die euch lieben, welchen Lohn habt ihr? Tun nicht auch die Zöllner dasselbe? Und wenn ihr nur eure Brüder grüßt, was tut ihr Besonderes? Tun nicht auch die von den Nationen dasselbe? Ihr nun sollt vollkommen sein, wie euer himmlischer Vater vollkommen ist.

Evangelium nach Matthäus 6

1-34) Habt acht, dass ihr euer Almosen nicht gebt vor den Menschen, um von ihnen gesehen zu werden;

wenn aber nicht, so habt ihr keinen Lohn bei eurem Vater, der in den Himmeln ist. Wenn du nun Almosen gibst, sollst du nicht vor dir her posaunen lassen, wie die Heuchler tun in den Synagogen und auf den Strassen, damit sie von den Menschen geehrt werden. Wahrlich, ich sage euch, sie haben ihren Lohn dahin. Du aber, wenn du Almosen gibst, so lass deine Linke nicht wissen, was deine Rechte tut, damit dein Almosen im Verborgenen sei, und dein Vater, der im Verborgenen sieht, wird dir vergelten.

Und wenn du betest, sollst du nicht sein wie die Heuchler; denn sie lieben es, in den Synagogen und an den Ecken der Strassen stehend zu beten, damit sie von den Menschen gesehen werden. Wahrlich, ich sage euch, sie haben ihren Lohn dahin. Du aber, wenn du betest, so geh in deine Kammer, und nachdem du deine Tür geschlossen hast, bete zu deinem Vater, der im Verborgenen ist, und dein Vater, der im Verborgenen sieht, wird dir vergelten. Wenn ihr aber betet, sollt ihr nicht plappern wie die von den Nationen; denn sie meinen, dass sie um ihres vielen Redens willen erhört werden. Seid ihnen nun nicht gleich; denn euer Vater weiß, was ihr bedürft, ehe ihr ihn bittet. Betet ihr nun so: Unser Vater, der du bist in den Himmeln, geheiligt werde dein Name; dein Reich komme; dein Wille geschehe, wie im Himmel, so auch auf der Erde. Unser nötiges Brot gib uns heute; und vergib uns unsere Schuld, wie auch wir unseren Schuldnern vergeben; und führe uns nicht in Versuchung, sondern errette uns von dem Bösen. – Denn wenn ihr den Menschen ihre Vergehungen vergebt, so wird euer himmlischer Vater auch euch vergeben; wenn ihr aber den Menschen ihre Vergehungen nicht vergebt, so wird euer Vater auch eure Vergehungen nicht vergeben.

Wenn ihr aber fastet, so seht nicht düster aus wie die Heuchler; denn sie verstellen ihre Angesichter, damit sie den Menschen als Fastende erscheinen. Wahrlich, ich sage euch, sie haben ihren Lohn dahin. Du aber, wenn du fastest, so salbe dein Haupt und wasche dein Angesicht, damit du nicht den Menschen als ein Fastender erscheinst, sondern deinem Vater, der im Verborgenen ist; und dein Vater, der im Verborgenen sieht, wird dir vergelten.

Sammelt euch nicht Schätze auf der Erde, wo Motte und Rost zerstört, und wo Diebe durchgraben und stehlen; sammelt euch aber Schätze im Himmel, wo weder Motte noch Rost zerstört, und wo Diebe nicht durchgraben noch stehlen; denn wo dein Schatz ist, da wird auch dein Herz sein.

Die Lampe des Leibes ist das Auge; wenn nun dein Auge einfältig ist, so wird dein ganzer Leib licht sein; wenn aber dein Auge böse ist, so wird dein ganzer Leib finster sein. Wenn nun das Licht, das in dir ist, Finsternis ist, wie gross die Finsternis!

Niemand kann zwei Herren dienen; denn entweder wird er den einen hassen und den anderen lieben, oder er wird einem anhangen und den anderen verachten. Ihr könnt nicht Gott dienen und dem Mammon. Deshalb sage ich euch: Seid nicht besorgt für euer Leben, was ihr essen und was ihr trinken sollt, noch für euren Leib, was ihr anziehen sollt. Ist nicht das Leben mehr als die Speise, und der Leib mehr als die Kleidung? Seht hin auf die Vögel des Himmels, dass sie nicht säen noch ernten, noch in Scheunen sammeln, und euer himmlischer Vater ernährt sie. Seid *ihr* nicht viel vorzüglicher als sie? Wer aber unter euch vermag mit Sorgen seiner Größe *eine* Elle zusetzen? Und warum seid ihr um Kleidung besorgt? Betrachtet die Lilien des Feldes, wie sie wachsen: Sie mühen sich nicht, auch spinnen sie nicht. Ich sage euch aber, dass selbst nicht Salomo in all seiner Herrlichkeit bekleidet war wie eine von diesen. Wenn aber Gott das Gras des Feldes, das heute ist und morgen in den Ofen geworfen wird, so kleidet, nicht vielmehr euch, Kleingläubige? So seid nun nicht besorgt, indem ihr sagt: Was sollen wir essen?, oder: Was sollen wir trinken?, oder: Was sollen wir anziehen? Denn nach allem diesem trachten die Nationen; denn euer himmlischer Vater weiß, dass ihr dies alles bedürft. Trachtet aber zuerst nach dem Reich Gottes und nach seiner Gerechtigkeit, und dies alles wird euch hinzugefügt werden. So seid nun nicht besorgt um den morgigen Tag, denn der morgige Tag wird für sich selbst sorgen. Jeder Tag hat an seinem Übel genug.

Evangelium nach Matthäus 7

1-29) Richtet nicht, damit ihr nicht gerichtet werdet; denn mit welchem Gericht ihr richtet, werdet ihr gerichtet werden, und mit welchem Mass ihr messt, wird euch gemessen werden. Was aber siehst du den Splitter, der in deines Bruders Auge ist, den Balken aber in deinem Auge nimmst du nicht wahr? Oder wie wirst du zu deinem Bruder sagen: Erlaube, ich will den Splitter aus deinem Auge ziehen; und siehe, der Balken ist in deinem Auge? Heuchler, zieh zuerst den Balken aus deinem Auge, und dann wirst du klar sehen, um den Splitter aus deines Bruders Auge zu ziehen.

Gebt nicht das Heilige den Hunden; werft auch nicht eure Perlen vor die Schweine, damit sie dieselben nicht etwa mit ihren Füssen zertreten und sich umwenden und euch zerreissen.

Bittet, und es wird euch gegeben werden; sucht, und ihr werdet finden; klopft an, und es wird euch aufgetan werden. Denn jeder Bittende empfängt, und der Suchende findet, und dem Anklopfenden wird aufgetan werden. Oder welcher Mensch ist unter euch, der, wenn sein Sohn ihn um ein Brot bitten würde, ihm einen Stein geben wird?, und wenn er um einen Fisch bitten würde, ihm eine Schlange geben wird? Wenn nun ihr, die ihr böse seid, euren Kindern gute Gaben zu geben wisst, wieviel mehr wird euer Vater, der in den Himmeln ist, Gutes geben denen, die ihn bitten! Alles nun, was immer ihr wollt, dass euch die Menschen tun sollen, so tut auch ihr ihnen! Denn dies ist das Gesetz und die Propheten.

Geht ein durch die enge Pforte; denn weit ist die Pforte und breit der Weg, der zum Verderben führt, und viele sind, die durch dieselbe eingehen. Denn eng ist die Pforte und schmal der Weg, der zum Leben führt, und wenige sind, die ihn finden.

Hütet euch aber vor den falschen Propheten, die in Schafskleidern zu euch kommen, innen aber sind sie reissende Wölfe. An ihren Früchten werdet ihr sie erkennen. Liest man etwa von Dornen Trauben oder von Disteln Feigen? So bringt jeder gute Baum gute Früchte, aber der faule Baum bringt schlechte Früchte. Ein guter Baum kann nicht schlechte Früchte bringen, noch ein fauler Baum gute Früchte bringen. Jeder Baum, der nicht gute Frucht bringt, wird abgehauen und ins Feuer geworfen. Deshalb, an ihren Früchten werdet ihr sie erkennen.

Nicht jeder, der zu mir sagt: Herr, Herr!, wird in das Reich der Himmel eingehen, sondern wer den Willen meines Vaters tut, der in den Himmeln ist. Viele werden

an jenem Tag zu mir sagen: Herr, Herr!, haben wir nicht durch *deinen* Namen geweissagt und durch *deinen* Namen Dämonen ausgetrieben, und durch *deinen* Namen viele Wunderwerke getan? Und dann werde ich ihnen bekennen: Ich habe euch niemals gekannt; weicht von mir, ihr Übeltäter!

Jeder nun, der irgend diese meine Worte hört und sie tut, den werde ich einem klugen Mann vergleichen, der sein Haus auf den Felsen baute; und der Platzregen fiel herab, und die Ströme kamen, und die Winde wehten und stürmten gegen jenes Haus; und es fiel nicht, denn es war auf den Felsen gegründet. Und jeder, der diese meine Worte hört und sie nicht tut, der wird mit einem törichten Mann verglichen werden, der sein Haus auf den Sand baute; und der Platzregen fiel herab, und die Ströme kamen, und die Winde wehten und stiessen an jenes Haus; und es fiel, und sein Fall war gross.

Und es geschah, als Jesus diese Worte vollendet hatte, da erstaunten die Volksmengen sehr über seine Lehre; denn er lehrte sie wie einer, der Gewalt hat, und nicht wie ihre Schriftgelehrten.

Wenn wir ehrlich sind, müssen wir zugeben, dass diese Lehren richtig, passend und gut sind!

Wenn die Menschen das wirklich beherzigen würden, hätten wir echten Frieden und nicht Kriege, Terror und Streitigkeiten aller Art. Dann hätten wir keine korrupten Regierungen und die Steuern wären tief. Dann hätten wir am Arbeitsplatz gute Chefs und Mitarbeiter und kein Gerangel um Ansehen und Position und kein Mobbing. Dann hätten wir gute Ehen und Familien. Dann hätten wir keine ungewollten Schwangerschaften und Tötungen von ungeborenen Kindern («Abtreibungen») und auch keine Geschlechtskrankheiten. Es gäbe überhaupt viel weniger Krankheiten insbesondere solche wie Herz-Kreislauf-Krankheiten und Krebs, die oft durch psychischen Stress beim Nachjagen von Ansehen und Geld verursacht werden!

Diese Worte oder «Lehren» stehen aber nicht als selbständige oder unabhängige «Gebote» im Raum, sondern sind zusammen mit der Person, der sie gesprochen hat, zu sehen! Wegen unserem verdorbenen Sinn können wir den Aufforderungen von Jesus von uns aus auch gar nicht Folge leisten; dieses Unvermögen zeigt uns nur unsre Verkehrtheit und Sünde auf. Nur wenn wir mit Jesus Christus verbunden sind, kann ER in uns diese Gebote zur Erfüllung und Entfaltung bringen!

Wenn wir beobachten, was in der Welt abläuft, so erkennen wir, dass Kräfte am Werk sind, die diesen Worten und Werten direkt entgegenstehen!

d) Der Tod und die Auferstehung von Jesus:

Vor über 700 Jahren vor Christus hat der Prophet Jesaja die Hinrichtung von Jesus und seine Auferstehung vorausgesagt!

Im Kapitel 53 von Jesaja offenbart sich die gewaltige, unverdiente, herzzerbrechende und tiefe Liebe Gottes zu uns, zu mir und zu Dir!

Ich hätte dort auf Golgatha die Hinrichtung wegen Verbrechen durch Kreuzigung erleiden sollen, denn das sind meine Taten wert! Nun trat Jesus aber an meine Stelle!

Buch des Propheten Jesaja 53

1-12) Wer hat unserer Verkündigung geglaubt, und wem ist der Arm des HERRN offenbar geworden? – Und

er ist wie ein Reis vor ihm aufgeschossen und wie ein Wurzelspross aus dürrem Erdreich. Er hatte keine Gestalt und keine Pracht; und als wir ihn sahen, da hatte er kein Ansehen, dass wir seiner begehrt hätten. Er war verachtet und verlassen von den Menschen, ein Mann der Schmerzen und mit Leiden vertraut, und wie einer, vor dem man das Angesicht verbirgt; er war verachtet, und wir haben ihn für nichts geachtet.

Ja, *er* hat unsere Leiden getragen, und unsere Schmerzen hat er auf sich geladen. Und wir, wir hielten ihn für bestraft, von Gott geschlagen und niedergebeugt; doch um unserer Übertretungen willen war er verwundet, um unserer Ungerechtigkeiten willen zerschlagen. Die Strafe zu unserem Frieden lag auf ihm, und durch seine Striemen ist uns Heilung geworden. Wir alle irrten umher wie Schafe, wir wandten uns jeder auf seinen Weg; und der HERR hat ihn treffen lassen unser aller Ungerechtigkeit.

Er wurde misshandelt, aber er beugte sich und tat seinen Mund nicht auf, wie das Lamm, das zur Schlachtung geführt wird, und wie ein Schaf, das stumm ist vor seinen Scherern; und er tat seinen Mund nicht auf. — Er ist weggenommen worden aus der Angst und aus dem Gericht. Und wer wird sein Geschlecht aussprechen? Denn er wurde abgeschnitten aus dem Land der Lebendigen: wegen der Übertretung meines Volkes hat ihn Strafe getroffen. Und man hat sein Grab bei Gottlosen bestimmt; aber bei einem Reichen ist er gewesen in seinem Tod, weil er kein Unrecht begangen hat und kein Trug in seinem Mund gewesen ist.

Doch dem HERRN gefiel es, ihn zu zerschlagen, er hat ihn leiden lassen. Wenn seine Seele das Schuldopfer gestellt haben wird, so wird er Nachkommen sehen, er wird seine Tage verlängern; und das Wohlgefallen des HERRN wird in seiner Hand gedeihen. Von der Mühsal seiner Seele wird er Frucht sehen und sich sättigen. Durch seine Erkenntnis wird mein gerechter Knecht die Vielen zur Gerechtigkeit weisen, und ihre Ungerechtigkeiten wird er auf sich laden. Darum werde ich ihm die Grossen zuteil geben, und mit Gewaltigen wird er die Beute teilen: dafür, dass er seine Seele ausgeschüttet hat in den Tod und den Übertretern beigezählt worden ist; *er* aber hat die Sünde vieler getragen und für die Übertreter Fürbitte getan.

Johannes berichtet von dem, was vor ca. 2000 Jahren geschehen ist:

Evangelium nach Johannes 18

1-40) Als Jesus dieses gesagt hatte, ging er mit seinen Jüngern hinaus über den Bach Kidron, wo ein Garten war, in den er hineinging, er und seine Jünger. Aber auch Judas, der ihn überlieferte, wusste den Ort, weil Jesus sich oft dort mit seinen Jüngern versammelte. Als nun Judas die Schar und von den Hohenpriestern und Pharisäern Diener genommen hatte, kommt er dahin mit Leuchten und Fackeln und Waffen. Jesus nun, der alles wusste, was über ihn kommen würde, ging hinaus und sprach zu ihnen: Wen sucht ihr? Sie antworteten ihm: Jesus, den Nazaräer. Jesus spricht zu ihnen: *Ich* bin es. Aber auch Judas, der ihn überlieferte, stand bei ihnen. Als er nun zu ihnen sagte: *Ich* bin es, wichen sie zurück und fielen zu Boden. Da fragte er sie wiederum: Wen sucht ihr? Sie aber sprachen: Jesus, den Nazaräer. Jesus antwortete: Ich habe euch gesagt, dass *ich* es bin; wenn ihr nun mich sucht, so lasst diese gehen! damit das Wort erfüllt würde, das er sprach: Von denen, die du mir gegeben hast, habe ich keinen

verloren. Simon Petrus nun, der ein Schwert hatte, zog es und schlug den Knecht des Hohenpriesters und hieb ihm das rechte Ohr ab. Der Name des Knechtes aber war Malchus. Da sprach Jesus zu Petrus: Stecke das Schwert in die Scheide. Den Kelch, den mir der Vater gegeben hat, soll ich den *nicht* trinken?

Die Schar nun und der Oberste und die Diener der Juden nahmen Jesus und banden ihn; und sie führten ihn zuerst hin zu Annas, denn er war Schwiegervater des Kajaphas, der jenes Jahr Hoherpriester war. Kajaphas aber war es, der den Juden geraten hatte, es sei nützlich, dass *ein* Mensch für das Volk sterbe. Simon Petrus aber folgte Jesus und der andere Jünger. Dieser Jünger aber war dem Hohenpriester bekannt und ging mit Jesus hinein in den Hof des Hohenpriesters. Petrus aber stand an der Tür draußen. Da ging der andere Jünger, der dem Hohenpriester bekannt war, hinaus und sprach mit der Türhüterin und führte Petrus hinein. Da spricht die Magd, die Türhüterin, zu Petrus: Bist nicht auch *du* einer von den Jüngern dieses Menschen? Er sagt: Ich bin es nicht. Es standen aber die Knechte und die Diener, die ein Kohlenfeuer gemacht hatten, weil es kalt war, und wärmten sich; Petrus aber stand auch bei ihnen und wärmte sich. Der Hohepriester nun fragte Jesus über seine Jünger und über seine Lehre. Jesus antwortete ihm: *Ich* habe öffentlich zu der Welt geredet; *ich* habe allezeit in der Synagoge und in dem Tempel gelehrt, wo alle Juden zusammenkommen, und im Verborgenen habe Ich nichts geredet; was fragst du mich? Frage die, die gehört, was ich zu ihnen geredet habe; siehe, diese wissen, was *ich* gesagt habe. Als er aber dieses sagte, gab einer der Diener, der dabeistand, Jesus einen Backenstreich und sagte: Antwortest du so dem Hohenpriester? Jesus antwortete ihm: Wenn ich übel geredet habe, so gib Zeugnis von dem Übel; wenn aber recht, was schlägst du mich? Annas nun hatte ihn gebunden zu Kajaphas, dem Hohenpriester, gesandt.

Simon Petrus aber stand und wärmte sich. Da sprachen sie zu ihm: Bist nicht auch *du* einer von seinen Jüngern? *Er* leugnete und sprach: Ich bin es nicht. Es spricht einer von den Knechten des Hohenpriesters, der ein Verwandter dessen war, dem Petrus das Ohr abgehauen hatte: Sah ich dich nicht in dem Garten bei ihm? Da leugnete Petrus wiederum; und sogleich krähte der Hahn.

Sie führen nun Jesus von Kajaphas in das Prätorium; es war aber frühmorgens. Und *sie* gingen nicht hinein in das Prätorium, damit sie sich nicht verunreinigten, sondern das Passah essen könnten. Pilatus ging nun zu ihnen hinaus und sprach: Welche Anklage bringt ihr gegen diesen Menschen? Sie antworteten und sprachen zu ihm: Wenn dieser nicht ein Übeltäter wäre, würden wir ihn dir nicht überliefert haben. Da sprach Pilatus zu ihnen: Nehmt *ihr* ihn und richtet ihn nach eurem Gesetz. Da sprachen die Juden zu ihm: Es ist uns nicht erlaubt, jemand zu töten; damit das Wort Jesu erfüllt würde, das er sprach, andeutend, was für einen Tod er sterben sollte. Pilatus ging nun wieder hinein in das Prätorium und rief Jesus und sprach zu ihm: Bist *du* der König der Juden? Jesus antwortete [ihm]: Sagst du dies von dir selbst, oder haben dir andere von mir gesagt? Pilatus antwortete: Bin *ich* etwa ein Jude? Deine Nation und die Hohenpriester haben dich mir überliefert; was hast du getan? Jesus antwortete: Mein Reich ist nicht von dieser Welt; wenn mein Reich von dieser Welt wäre, so hätten meine Diener gekämpft, damit ich den Juden nicht überliefert würde; jetzt aber ist mein Reich nicht von hier. Da sprach Pilatus zu ihm: Also du bist ein König? Jesus antwortete: *Du* sagst es, dass *ich* ein König bin. *Ich* bin dazu geboren und dazu in die Welt gekommen, damit ich der Wahrheit Zeugnis gebe. Jeder, der aus der Wahrheit ist, hört meine Stimme. Pilatus spricht zu ihm: Was ist Wahrheit? Und als er dies gesagt hatte, ging er wieder zu den Juden hinaus und spricht zu ihnen: *Ich* finde keinerlei Schuld an ihm; ihr habt aber eine Gewohnheit, dass ich euch an dem Passah einen freilasse. Wollt ihr nun, dass ich euch den König der Juden freilasse? Da schrien wiederum alle und sagten: Nicht diesen, sondern den Barabbas! Barabbas aber war ein Räuber.

Evangelium nach Johannes 19

1-42) Dann nahm nun Pilatus Jesus und liess ihn geisseln. Und die Soldaten flochten eine Krone aus Dornen und setzten sie auf sein Haupt und warfen ihm ein Purpurkleid um; und sie kamen zu ihm und sagten: Sei gegrüsst, König der Juden! Und sie gaben ihm Backenstreiche. Und Pilatus ging wieder hinaus und spricht zu ihnen: Siehe, ich führe ihn zu euch heraus, damit ihr wisst, dass ich keinerlei Schuld an ihm finde. Jesus nun ging hinaus, die Dornenkrone und das Purpurkleid tragend. Und er spricht zu ihnen: Siehe, der Mensch! Als ihn nun die Hohenpriester und die Diener sahen, schrien sie und sagten: Kreuzige, kreuzige ihn! Pilatus spricht zu ihnen: Nehmt *ihr* ihn hin und kreuzigt ihn, denn *ich* finde keine Schuld an ihm. Die Juden antworteten ihm: *Wir* haben ein Gesetz, und nach [unserem] Gesetz muss er sterben, weil er sich selbst zu Gottes Sohn gemacht hat. Als nun Pilatus dieses Wort hörte, fürchtete er sich noch mehr; und er ging wieder hinein in das Prätorium und spricht zu Jesus: Wo bist *du* her? Jesus aber gab ihm keine

Antwort. Da spricht Pilatus zu ihm: Redest du nicht mit *mir*? Weißt du nicht, dass ich Gewalt habe, dich loszugeben, und Gewalt habe, dich zu kreuzigen? Jesus antwortete: Du hättest keinerlei Gewalt gegen mich, wenn sie dir nicht von oben gegeben wäre; darum hat der, der mich dir überliefert hat, grössere Sünde. Von da an suchte Pilatus ihn loszugeben. Die Juden aber schrien und sagten: Wenn du diesen freilässt, bist du des Kaisers Freund nicht; jeder, der sich selbst zum König macht, spricht gegen den Kaiser. Als nun Pilatus diese Worte hörte, führte er Jesus hinaus und setzte sich auf den Richterstuhl an einen Ort, genannt Steinpflaster, auf Hebräisch aber Gabbatha. Es war aber Rüsttag des Passah; es war um die sechste Stunde. Und er spricht zu den Juden: Siehe, euer König! Sie aber schrien: Weg mit ihm, weg mit ihm! Kreuzige ihn! Pilatus spricht zu ihnen: Euren König soll ich kreuzigen? Die Hohenpriester antworteten: Wir haben keinen König, als nur den Kaiser. Dann nun überlieferte er ihn denselben, damit er gekreuzigt würde. Sie aber nahmen Jesus hin und führten ihn fort.

Und sein Kreuz tragend, ging er hinaus nach der Stätte, genannt Schädelstätte, die auf Hebräisch Golgatha heisst, wo sie ihn kreuzigten, und zwei andere mit ihm, auf dieser und auf jener Seite, Jesus aber in der Mitte. Pilatus schrieb aber auch eine Überschrift und setzte sie auf das Kreuz. Es war aber geschrieben: Jesus, der Nazaräer, der König der Juden. Diese Überschrift nun lasen viele von den Juden, denn die Stätte, wo Jesus gekreuzigt wurde, war nahe bei der Stadt; und es war geschrieben auf Hebräisch, Griechisch und Lateinisch. Die Hohenpriester der Juden sagten nun zu Pilatus: Schreibe nicht: Der König der Juden, sondern dass jener gesagt hat: Ich bin König der Juden. Pilatus antwortete: Was ich geschrieben habe, habe ich geschrieben.

Die Soldaten nun nahmen, als sie Jesus gekreuzigt hatten, seine Kleider und machten vier Teile, jedem Soldaten einen Teil, und den Leibrock. Der Leibrock aber war ohne Naht, von oben an durchweg gewebt. Da sprachen sie zueinander: Lasst uns ihn nicht zerreissen, sondern um ihn losen, wessen er sein soll; damit die Schrift erfüllt würde, die spricht: „Sie haben meine Kleider unter sich verteilt, und über mein Gewand haben sie das Los geworfen". Die Soldaten nun haben dies getan.

Es standen aber bei dem Kreuz Jesu seine Mutter und die Schwester seiner Mutter, Maria, des Kleopas Frau, und Maria Magdalene. Als nun Jesus die Mutter sah und den Jünger, den er liebte, dabeistehen, spricht er zu seiner Mutter: Frau, siehe, dein Sohn! Dann spricht er zu dem Jünger: Siehe, deine Mutter! Und von jener Stunde an nahm der Jünger sie zu sich. Danach, da Jesus wusste, dass alles schon vollbracht war, spricht er, damit die Schrift erfüllt würde: Mich dürstet! Es stand nun dort ein Gefäß voll Essig. Sie aber füllten einen Schwamm mit Essig und legten ihn um einen Ysop und brachten ihn an seinen Mund. Als nun Jesus den Essig genommen hatte, sprach er: Es ist vollbracht! Und er neigte das Haupt und übergab den Geist.

Die Juden nun baten den Pilatus, damit die Leiber nicht am Sabbat am Kreuz blieben, weil es Rüsttag war, (denn der Tag jenes Sabbats war groß) dass ihre Beine gebrochen, und sie abgenommen werden möchten. Da kamen die Soldaten und brachen die Beine des ersten und des anderen, der mit ihm gekreuzigt war. Als sie aber zu Jesus kamen und sahen, dass er schon gestorben war, brachen sie ihm die Beine nicht, sondern einer der Soldaten durchbohrte mit einem Speer seine Seite, und sogleich kam Blut und Wasser heraus. Und der es gesehen hat, hat es bezeugt, und sein Zeugnis ist wahrhaftig; und *er* weiss, dass er sagt was wahr ist, damit auch ihr glaubt. Denn dies geschah, damit die Schrift erfüllt würde: „Kein Bein von ihm wird zerbrochen werden". Und wiederum sagt eine andere Schrift: „Sie werden den anschauen, den sie durchstochen haben".

Nach diesem aber bat Joseph von Arimathia, der ein Jünger Jesu war, aber aus Furcht vor den Juden ein verborgener, den Pilatus, dass er den Leib Jesu abnehmen dürfe. Und Pilatus erlaubte es. Er kam nun und nahm den Leib Jesu ab. Es kam aber auch Nikodemus, der zuerst bei Nacht zu Jesus gekommen war, und brachte eine Mischung von Myrrhe und Aloe, ungefähr 100 Pfund. Sie nahmen nun den Leib Jesu und wickelten ihn in leinene Tücher mit den Spezereien, wie es bei den Juden Sitte ist, zum Begräbnis zuzubereiten. Es war aber an dem Ort, wo er gekreuzigt wurde, ein Garten und in dem Garten eine neue Gruft, in die noch nie jemand gelegt worden war. Dorthin nun, wegen des Rüsttags der Juden, weil die Gruft nahe war, legten sie Jesus.

Evangelium nach Johannes 20

1-31) An dem ersten Wochentag aber kommt Maria Magdalene früh, als es noch finster war, zur Gruft und sieht den Stein von der Gruft weggenommen. Sie läuft nun und kommt zu Simon Petrus und zu dem anderen Jünger, den Jesus lieb hatte, und spricht zu ihnen: Sie haben den Herrn aus der Gruft weggenommen, und wir wissen nicht, wo sie ihn hingelegt haben. Da ging

Petrus hinaus und der andere Jünger, und sie gingen zu der Gruft. Die beiden aber liefen zusammen, und der andere Jünger lief voraus, schneller als Petrus, und kam zuerst zu der Gruft; und sich vornüberbückend, sieht er die leinenen Tücher liegen; doch ging er nicht hinein. Da kommt Simon Petrus, ihm folgend, und ging hinein in die Gruft und sieht die leinenen Tücher liegen, und das Schweisstuch, das auf seinem Haupt war, nicht bei den leinenen Tüchern liegen, sondern besonders zusammengewickelt an einem Ort. Dann ging nun auch der andere Jünger hinein, der zuerst zu der Gruft kam, und er sah und glaubte. Denn sie kannten die Schrift noch nicht, dass er aus den Toten auferstehen musste. Es gingen nun die Jünger wieder heim.

Maria aber stand bei der Gruft, draussen, und weinte. Als sie nun weinte, bückte sie sich vornüber in die Gruft und sieht zwei Engel in weißen Kleidern sitzen, einen zu dem Haupt und einen zu den Füssen, wo der Leib Jesu gelegen hatte. Und jene sagen zu ihr: Frau, was weinst du? Sie spricht zu ihnen: Weil sie meinen Herrn weggenommen und ich nicht weiss, wo sie ihn hingelegt haben. Als sie dies gesagt hatte, wandte sie sich zurück und sieht Jesus stehen; und sie wusste nicht, dass es Jesus sei. Jesus spricht zu ihr: Frau, was weinst du? Wen suchst du? *Sie*, in der Meinung, es sei der Gärtner, spricht zu ihm: Herr, wenn du ihn weggetragen, so sage mir, wo du ihn hingelegt hast, und *ich* werde ihn wegholen. Jesus spricht zu ihr: Maria! Sie wendet sich um und spricht zu ihm auf Hebräisch: Rabbuni!, das heißt Lehrer. Jesus spricht zu ihr: Rühre mich nicht an, denn ich bin noch nicht aufgefahren zu [meinem] Vater. Geh aber hin zu meinen Brüdern und sprich zu ihnen: Ich fahre auf zu meinem Vater und eurem Vater, und zu meinem Gott und eurem Gott. Maria Magdalene kommt und verkündet den Jüngern, dass sie den Herrn gesehen und er dies zu ihr gesagt habe.

Als es nun Abend war an jenem Tag, dem ersten der Woche, und die Türen, wo die Jünger waren, aus Furcht vor den Juden verschlossen waren, kam Jesus und stand in der Mitte und spricht zu ihnen: Friede euch! Und als er dies gesagt hatte, zeigte er ihnen seine Hände und seine Seite. Da freuten sich die Jünger, als sie den Herrn sahen. [Jesus] sprach nun wiederum zu ihnen: Friede euch! Wie der Vater mich ausgesandt hat, sende *ich* auch euch. Und als er dies gesagt hatte, hauchte er in sie und spricht zu ihnen: Empfangt den Heiligen Geist! Welchen irgend ihr die Sünden vergebt, denen sind sie vergeben, welchen irgend ihr sie behaltet, sind sie behalten.

Thomas aber, einer von den Zwölfen, genannt Zwilling, war nicht bei ihnen, als Jesus kam. Da sagten die anderen Jünger zu ihm: Wir haben den Herrn gesehen. Er aber sprach zu ihnen: Es sei denn dass ich in seinen Händen das Mal der Nägel sehe und meine Finger in das Mal der Nägel lege, und lege meine Hand in seine Seite, so werde ich *nicht* glauben. Und nach acht Tagen waren seine Jünger wiederum drinnen und Thomas bei ihnen. Da kommt Jesus, als die Türen verschlossen waren, und stand in der Mitte und sprach: Friede euch! Dann spricht er zu Thomas: Reiche deinen Finger her und sieh meine Hände, und reiche deine Hand her und lege sie in meine Seite, und sei nicht ungläubig, sondern gläubig. Thomas antwortete und sprach zu ihm: Mein Herr und mein Gott! Jesus spricht zu ihm: Weil du mich gesehen hast, hast du geglaubt. Glückselig sind, die nicht gesehen und geglaubt haben!

Auch viele andere Zeichen hat nun zwar Jesus vor seinen Jüngern getan, die nicht in diesem Buch geschrieben sind. Diese aber sind geschrieben, damit *ihr* glaubt, dass Jesus der Christus ist, der Sohn Gottes, und damit ihr glaubend Leben habt in seinem Namen.

Kapitel 10

Was wird in den Schriften für unsere Zeit vorhergesagt und was ist davon eingetroffen?

Jesus Christus selbst sagt dazu:

Evangelium nach Lukas 21

5-36) Und als einige von dem Tempel sagten, dass er mit schönen Steinen und Weihgeschenken geschmückt sei, sprach er: Diese Dinge, die ihr seht – Tage werden kommen, in denen nicht ein Stein auf dem anderen gelassen wird, der nicht abgebrochen werden wird. Sie fragten ihn aber und sagten: Lehrer, wann wird denn dieses sein, und was ist das Zeichen, wann dieses geschehen soll? Er aber sprach: Seht zu, dass ihr nicht verführt werdet! Denn viele werden unter meinem Namen kommen und sagen: *Ich* bin es, und die Zeit ist nahe gekommen. Geht ihnen [nun] nicht nach. Wenn ihr aber von Kriegen und Empörungen hören werdet, so erschreckt nicht; denn dies muss zuvor geschehen, aber das Ende ist nicht sogleich. Dann sprach er zu ihnen: Es wird sich Nation gegen Nation erheben und Königreich gegen Königreich; und es werden große Erdbeben sein an verschiedenen Orten, und Hungersnöte und Seuchen; auch Schrecknisse und grosse Zeichen vom Himmel wird es geben. Vor diesem allem aber werden sie ihre Hände an euch legen und euch verfolgen, indem sie euch an die Synagogen und Gefängnisse überliefern, um euch vor Könige und Statthalter zu führen um meines Namens willen. Es wird euch aber zu einem Zeugnis ausschlagen. Setzt es nun fest in euren Herzen, nicht vorher darauf zu sinnen, wie ihr euch verantworten sollt; denn *ich* werde euch Mund und Weisheit geben, der alle eure Widersacher nicht werden widersprechen oder widerstehen können. Ihr werdet aber sogar von

Eltern und Brüdern und Verwandten und Freunden überliefert werden, und sie werden einige von euch zum Tod bringen; und ihr werdet von allen gehasst werden um meines Namens willen. Und *nicht* ein Haar von eurem Haupt wird verloren gehen. Gewinnt eure Seelen durch euer Ausharren. Wenn ihr aber Jerusalem von Heerscharen umzingelt seht, dann erkennt, dass ihre Verwüstung nahe gekommen ist. Dass dann, die in Judäa sind, auf die Berge fliehen, und die in ihrer Mitte sind, daraus entweichen, und die auf dem Land sind, nicht in sie hineingehen. Denn dies sind Tage der Rache, dass alles erfüllt werde, was geschrieben steht. Wehe aber den Schwangeren und den Stillenden in jenen Tagen! Denn grosse Not wird in dem Land sein, und Zorn über dieses Volk. Und sie werden fallen durch die Schärfe des Schwertes und gefangen weggeführt werden unter alle Nationen; und Jerusalem wird zertreten werden von den Nationen, bis die Zeiten der Nationen erfüllt sein werden. Und es werden Zeichen sein an Sonne und Mond und Sternen, und auf der Erde Bedrängnis der Nationen in Ratlosigkeit bei brausendem Meer und Wasserwogen; indem die Menschen verschmachten vor Furcht und Erwartung der Dinge, die über den Erdkreis kommen, denn die Kräfte der Himmel werden erschüttert werden. Und dann werden sie den Sohn des Menschen kommen sehen in einer Wolke mit Macht und grosser Herrlichkeit. Wenn aber diese Dinge anfangen zu geschehen, so blickt auf und hebt eure Häupter empor, weil eure Erlösung naht.

Und er sprach ein Gleichnis zu ihnen: Seht den Feigenbaum und alle Bäume; wenn sie schon ausschlagen, so erkennt ihr von selbst, indem ihr es seht, dass der Sommer schon nahe ist. So auch ihr, wenn ihr dies geschehen seht, erkennt, dass das Reich Gottes nahe ist. Wahrlich, ich sage euch, dass dieses Geschlecht *nicht* vergehen wird, bis alles geschehen ist. Der Himmel und die Erde werden vergehen, meine

Worte aber werden *nicht* vergehen. Hütet euch aber, dass eure Herzen nicht etwa beschwert werden durch Völlerei und Trunkenheit und Lebenssorgen, und jener Tag plötzlich über euch hereinbreche; denn wie ein Fallstrick wird er kommen über alle, die auf dem ganzen Erdboden ansässig sind. Wacht nun, zu aller Zeit betend, damit ihr würdig geachtet werdet, diesem allem, was geschehen soll, zu entfliehen und vor dem Sohn des Menschen zu stehen.

«... Tage werden kommen, in denen nicht ein Stein auf dem anderen gelassen wird, der nicht abgebrochen werden wird. ...»

Im Jahre 70 nach Christus wurde der Tempel in Jerusalem durch die Römer völlig zerstört! Diese Vorhersage ging also schnell in Erfüllung.

«... Denn viele werden unter meinem Namen kommen und sagen: *Ich* bin es, ...»

Wie viele Kirchen, Gemeinden und Sekten gibt es heute doch unter dem Namen Jesus oder dem Christentum, die nicht wirklich diesen Jesus, den Sohn Gottes, verkündigen. Zum Beispiel sehen wir, wie bei der Katholischen Kirche das Christentum mit religiösen Handlungen, Aberglauben und Personenkult vermischt ist (Anbetung der Maria und der Heiligen, Papst, Weihwasser, Materialisierung im Abendmahl usw.). Die Evangelisch-Reformierte Kirche als Ganzes lässt das Wort Gottes nicht mehr stehen und gelten, wie es Luther getan hat. Es werden sogar Pastoren verfolgt, die sich noch klar zur Schrift bekennen. Sie hat sich dem politischen Mainstream angepasst! Im gleichen Trend stehen auch viele Freikirchen - mindestens in der Praxis – in denen entweder Pharisäertum mit strengen Regeln, Gesetzlichkeit und Verurteilung anderer vorherrschen oder auf der anderen Seite die Gottesdienste eine Discoveranstaltung mit frommen Worten sind oder Jesus Christus nur ein «Kumpel» ist.

«... Seht zu, dass ihr nicht verführt werdet! ...»

Wir müssen also wirklich gut aufpassen, dass wir nicht verführt werden! Trifft zu!

Kriege, Revolutionen, Erdbeben, Hungersnöte, Seuchen, Schrecknisse, Verfolgung derer die an Jesus Christus glauben: Jeder Kommentar ist überflüssig, wenn wir die heutigen Nachrichten und nur schon die letzten 100 Jahre betrachten! Passt!

Es gäbe noch viele andere Vorhersagen, z.B. was die Juden und ihr Land betrifft oder den moralischen Abfall in der letzten Zeit.

Kapitel 11

Wie bekomme ich ewiges Leben? Wie komme ich in den Himmel?

Wir wollen ja am liebsten immer jung bleiben, nicht sterben und immer leben, wenigstens wenn es uns einigermassen gut geht!

Irgendetwas zu finden wie einen Jungbrunnen, der das Altern aufhält, ist ein alter Traum des Menschen. Mit Produkten, die das Label «Anti-Aging» tragen, lässt sich gut Werbung machen.

In vielen Science-Fiction-Geschichten können die Menschen in die Vergangenheit oder Zukunft reisen oder an einem Ort verschwinden und an einem anderen wieder erscheinen. Auch ein Traum des Menschen!

Jesus Christus hat aber nach seiner Auferstehung genau einen solchen Körper gehabt, der noch eine überirdische Dimension in sich trug, er konnte erscheinen und wieder verschwinden! Keine Science-Fiction, sondern Wirklichkeit!

Auch wir können ewiges Leben bekommen! Jesus Christus sagt dem Pharisäer Nikodemus bei einem Nachtgespräch, wie das möglich ist:

Evangelium nach Johannes 3

1-21) Es war aber ein Mensch aus den Pharisäern, sein Name Nikodemus, ein Oberster der Juden. Dieser kam zu ihm bei Nacht und sprach zu ihm: Rabbi, wir wissen, dass du ein Lehrer bist, von Gott gekommen, denn niemand kann diese Zeichen tun, die *du* tust, es sei denn Gott mit ihm. Jesus antwortete und sprach zu ihm: Wahrlich, wahrlich, ich sage dir: Es sei denn, dass

jemand von neuem geboren werde, so kann er das Reich Gottes nicht sehen. Nikodemus spricht zu ihm: Wie kann ein Mensch geboren werden, wenn er alt ist? Kann er etwa zum zweiten Mal in den Leib seiner Mutter eingehen und geboren werden? Jesus antwortete: Wahrlich, wahrlich, ich sage dir: Es sei denn dass jemand aus Wasser und Geist geboren werde, so kann er nicht in das Reich Gottes eingehen. Was aus dem Fleisch geboren ist, ist Fleisch, und was aus dem Geist geboren ist, ist Geist. Verwundere dich nicht, dass ich dir sagte: *Ihr* müsst von neuem geboren werden. Der Wind weht, wo er will, und du hörst sein Sausen, aber du weisst nicht, woher er kommt und wohin er geht; so ist jeder, der aus dem Geist geboren ist. Nikodemus antwortete und sprach zu ihm: Wie kann dies geschehen? Jesus antwortete und sprach zu ihm: *Du* bist der Lehrer Israels und weisst dieses nicht? Wahrlich, wahrlich, ich sage dir: Wir reden, was wir wissen, und bezeugen, was wir gesehen haben, und unser Zeugnis nehmt ihr nicht an. Wenn ich euch das Irdische gesagt habe, und ihr glaubt nicht, wie werdet ihr glauben, wenn ich euch das Himmlische sage? Und niemand ist hinaufgestiegen in den Himmel als nur der aus dem Himmel herabgestiegen ist, der Sohn des Menschen, der im Himmel ist. Und wie Mose in der Wüste die Schlange erhöhte, so muss der Sohn des Menschen erhöht werden, damit jeder, der an ihn glaubt, [nicht verloren gehe, sondern] ewiges Leben habe. Denn so hat Gott die Welt geliebt, dass er seinen eingeborenen Sohn gab, damit jeder, der an ihn glaubt, nicht verloren gehe, sondern ewiges Leben habe. Denn Gott hat seinen Sohn nicht in die Welt gesandt, damit er die Welt richte, sondern damit die Welt durch ihn errettet werde. Wer an ihn glaubt, wird nicht gerichtet; wer aber nicht glaubt, ist schon gerichtet, weil er nicht geglaubt hat an den Namen des eingeborenen Sohnes Gottes. Dies aber ist das Gericht, dass das Licht in die Welt gekommen ist, und die Menschen haben die Finsternis mehr geliebt als das Licht, denn ihre Werke

waren böse. Denn jeder, der Arges tut, hasst das Licht und kommt nicht zu dem Licht, damit seine Werke nicht blossgestellt werden; wer aber die Wahrheit tut, kommt zu dem Licht, damit seine Werke offenbar werden, dass sie in Gott gewirkt sind.

Bei der Geschichte von Mose und der ehernen Schlange (wohl Kupfererz oder Bronze), die er auf einer Stange erhöhte, ging es um Folgendes:

Obwohl das Volk Israel Gott immer wieder auf wunderbare Weise erlebt hat, sind sie ungeduldig geworden und haben gegen Gott und Mose geredet und Vorwürfe gemacht. Da sandte Gott giftige Schlangen unter das Volk Israel, so dass viele starben! Da kamen sie zu Mose und sprachen: «Wir haben gesündigt, dass wir gegen den HERRN und gegen dich geredet haben.» Es ist eigentlich dem Menschen seit dem Sündenfall klar, dass der Lohn, die Folge oder die Strafe der Sünde der Tod ist.

Der Mensch sollte eigentlich ewig leben und nicht sterben. Gott warnte den ersten Menschen, dass wenn er von dem Baum der Erkenntnis von Gut und Böse isst, er sterben würde. So ist es auch gekommen und deswegen müssen wir sterben! Doch dabei bleibt es nicht, wenn unser Körper hier stirbt, denn danach kommt das Gericht und wir werden für ewig in die Hölle geworfen, wo «der Wurm nicht stirbt und das Feuer nicht erlöscht», so wie es Jesus Christus sagt! Das wusste das Volk Israel und auch Nikodemus, dem Jesus das nicht erklären musste. Er wusste, was «verloren gehen» heisst.

Wir in der westlichen Welt haben diese Tatsache durch die Evolutionslehre unterdrückt: der Tod ist darin eine neutrale, naturgegeben Sache und hat nichts mit Gericht und Strafe für Böses zu tun. Das einzige Überbleibsel in der westlichen Welt ist noch die Todesstrafe für Mörder in einigen Staaten der USA. In anderen Ländern vor allem in Asien und Afrika gibt es das natürlich auch noch. Wir hier sind aber so «vernebelt» und verweichlicht, dass wir den Zusammenhang zwischen Sünde, Unrecht und Tod als Strafe nicht mehr klar sehen!

Wie wir in der Bergpredigt gehört haben, ist es nicht erst Mord, wenn wir den Nächsten leiblich töten, sondern schon dann, wenn wir im Innersten etwas gegen ihn haben, ihn hassen und schlechte Worte gegen ihn reden!

Es ist nicht erst dann Ehebruch, wenn ein Mann mit einer anderen Frau ein intimes Verhältnis hatte, sondern schon dann, wenn ein Mann eine Frau anschaut sie zu begehren! Da Gott Mann und Frau geschaffen hat, die sich ergänzen und einander treu sein sollen, ist die Ehe grundlegend wichtig. Der Beginn der Ehe ist die Hochzeit. Die Heirat zwischen einem reinen Jüngling als Bräutigam und einer von einem Mann unbetasteten Jungfrau als Braut ist vor Gott von äusserst grosser und wunderbarer Bedeutung! Übrigens tragen bei der Hochzeit der Juden die Braut und der Bräutigam ein weisses Kleid!

Es gibt noch eine tiefere Bedeutung: Jesus Christus wird als «Bräutigam» bezeichnet und diejenigen, die an Ihn glauben, als «Braut». Jetzt ist die Zeit wo die «Braut» sich vorbereitet und schmückt, um dem «Bräutigam» zu begegnen, der bald kommt und seine «Braut» in den Himmel holt!

Deswegen ist ein intimes Verhältnis ausserhalb der Ehe Unrecht und Sünde – «Unzucht», wenn es vor der Ehe geschieht und «Ehebruch» während der Ehe. Ich führe das nur aus, weil durch die Evolutionslehre und den Mainstream der heutigen Zeit auch diese Tatsachen bei uns «vernebelt» wurden.

Nicht erst Diebstahl ist wie ein Biss einer giftigen Schlange, sondern auch das selbstsüchtige Begehren nach Dingen, wie zum Beispiel das tolle Auto, das Haus des Nachbarn oder was auch immer. Geldliebe ist auch eine Wurzel des Übels.

Das Streben nach Ansehen und Macht und die Herrschsucht ist auch eine solche «Giftschlange», die uns tötet.

Zurück zu den Ereignissen mit den Giftschlangen: Das Volk bat Mose, er solle Gott bitten, die Schlangen wegzunehmen. Gott sagte aber Mose, er solle eine eherne Schlange machen und auf einer Stange erhöhen und es soll geschehen, wer gebissen worden ist und sie ansieht, der soll am Leben bleiben! Also jeder, der von einer Giftschlange gebissen wurde und diese eherne Schlange anschaute, wurde geheilt und musste nicht sterben!

«Und wie Mose in der Wüste die Schlange erhöhte, so muss der Sohn des Menschen erhöht werden, damit jeder, der an ihn glaubt, [nicht verloren gehe, sondern] ewiges Leben habe.»

Jesus Christus wurde wie ein Verbrecher an ein Holzkreuz genagelt; diese Art der Hinrichtung war zur römischen Zeit die brutalste Methode. Danach wurde das Kreuz mit Jesus aufgerichtet, so dass Ihn alle sehen konnten! Wer nun seine eigene Schuld und Sündhaftigkeit erkennt und eingesteht und so auf den erhöhten Jesus am Kreuz schaut, der bekommt ewiges Leben. Wer glaubt, dass Jesus Christus anstelle von ihm selbst dort hängt und das annimmt, der bekommt ewiges Leben und wird «von neuem geboren»! Wer diese Rettung aber nicht annimmt, befindet sich weiter auf dem Weg zur Hölle und nicht zum Himmel!

Dies geht auch aus den Ereignissen bei der Kreuzigung hervor:

Evangelium nach Lukas 23

39-43) Einer aber der gehenkten Übeltäter lästerte ihn und sagte: Bist du nicht der Christus? Rette dich selbst und uns! Der andere aber antwortete und strafte ihn und sprach: Auch du fürchtest Gott nicht, da du in demselben Gericht bist? Und wir zwar mit Recht, denn wir empfangen, was unsere Taten wert sind; dieser aber hat nichts Ungeziemendes getan. Und er sprach zu Jesus: Gedenke meiner, Herr, wenn du in dein Reich kommst! Und Jesus sprach zu ihm: Wahrlich, ich sage dir: Heute wirst du mit mir im Paradies sein.

Wenn wir aus Überzeugung das Gleiche sagen können wie der eine dieser Übeltäter, dann bekommen wir ewiges Leben!

Kapitel 12

Persönliches «Weihnachtserlebnis»

Ich muss gestehen, dass ich mich nicht einfach eines Tages hingesetzt habe und den obigen Fragen nachgegangen bin. Wie ich sozusagen aus dem Schlaf des Mainstreams und meinen eigenen Vorstellungen erwacht bin, nenne ich mal mein persönliches «Weihnachtserlebnis», was ich hier abschliessend anfügen möchte:

Früher, als ich noch Zeit hatte, habe ich viel gelesen - aber kaum Romane oder so; nein, mich interessierte die Natur und die Naturwissenschaften. Oft war ich in den Bibliotheken und lieh mir Bücher über Chemie, Biologie und insbesondere über Tiere aus. Die Haltung und Zucht gewisser Tiere wurde dann auch für viele Jahre mein leidenschaftliches Hobby.

Die Entstehung des Lebens hat mich ganz besonders fasziniert und ich habe viel über die Entstehung des Lebens und die Evolution der Lebewesen gelesen. Ich war stolz darauf, die grundsätzlichen Prinzipien der Evolutionstheorie wie die Bildung verschiedener Varianten durch Mutationen und anschliessende darwinsche Selektion durch Umweltfaktoren verstanden zu haben. Trotz ungeklärten Fragen haben mir alle Bücher, naturwissenschaftlichen Zeitschriften, Museen usw. bis dahin vermittelt, dass die Evolutionstheorie eine Tatsache sei, an der kein vernünftiger Mensch mehr zweifelt. Es ging so weit, dass ich es gut fand, dass schwache und kranke Lebewesen sterben und aussterben und nur die Starken leben und überleben sollen!

Ich war sehr eingebildet und glaubte nur, was ich auch verstanden hatte; etwas Übernatürliches passte nicht in mein Weltbild und ich habe so etwas als «Hirngespinst» von dummen Menschen abgetan.

In die Kirche bin ich selten gegangen und als einmal an Ostern der Pfarrer sagte, dass Jesus Christus gar nicht leiblich auferstanden sei, sondern sozusagen nur im Glauben der Gläubigen «weiterlebt», passte mir das gut.

Ansonsten lebte ich einfach in vielen selbstsüchtigen Lüsten, im Hassen gewisser Menschen, Zornausbrüchen, Angebereien usw. dahin.

Doch dann geschah eines Tages etwas Unerwartetes: Ich war bei Verwandten auf Besuch, sah mich im Gästezimmer um und schaute mir die Bücher im Regal an. Dabei viel mein Blick auf ein Buch, auf dem in schwarzer Schrift auf gelbem Hintergrund der Titel stand: «Jesus unser Schicksal»; dieses Buch schrieb ein deutscher Jugendpfarrer (Wilhelm Busch), der den zweiten Weltkrieg erlebt hat und auch im Gefängnis war. Ich nahm das Buch in die Hand und begann darin zu lesen. Es hat mich von Anfang an gefesselt und ich fragte die Verwandte, ob ich das Buch ausleihen darf. Sie haben es sowieso geschenkt bekommen und nicht gelesen.

Schnell merkte ich, dass es bei diesem Pfarrer nicht um religiöse Handlungen, um Kirchenbesuche oder um irgendwelche unvernünftigen Glaubensdinge geht.

Er redet von Jesus als einer Person, die der Sohn Gottes ist und doch als Mensch auf dieser Erde lebte und zu dem wir eine persönliche Beziehung haben können! Als ich in diesem Buch las, war es als ob in meinem Inneren etwas brannte; ich merkte intuitiv, dass darin die Wahrheit liegt!

Dieser Sohn Gottes, der unser Schöpfer ist und im Himmel alle Freude und Macht hatte, erniedrigte sich und kam vor ca. 2000 Jahren als Baby in diese oft grausame Welt; er lebte als Mensch wie wir, aber ohne dass er irgendetwas Böses tat - er war ohne Sünde und tat nur Gutes. Trotzdem wird er am Ende verspottet, gegeisselt und wie ein Verbrecher durch die römische Kreuzigung hingerichtet! Der König der Könige wurde wie ein Diener - ja noch mehr: er liess sich anstelle von mir als Verbrecher hinrichten, damit ich Vergebung meiner Schuld erhalten kann! Zudem sei dieser Jesus nicht im Grab geblieben, sondern tatsächlich leiblich vom Tode wieder auferstanden!

Jesus Christus ist nicht einfach irgendein Religionsstifter oder dergleichen, der lebte und wieder starb! Es ist keine Person, die ohne weiteren historischen Bezug auftauchte und wieder verschwand! ER ist der Schöpfer des Himmels und der Erde und sein Kommen auf diese Welt wurde schon Hunderte von Jahren zuvor in den alten Schriften (Altes Testament) vorhergesagt. Von diesem wird in der Offenbarung von Johannes gesagt: «Ich bin das Alpha und das Omega, spricht der Herr, Gott, der ist und der war und der kommt, der Allmächtige.»

Gleichzeitig ist es der, auf den Johannes der Täufer zeigte und sagte: «Siehe, das Lamm Gottes, das die Sünde der Welt wegnimmt! Dieser ist es, von dem ich sagte: Nach mir kommt ein Mann, der vor mir ist, denn er war eher als ich.»

Ich habe begonnen zu diesem Jesus zu beten - nicht ein Nachplappern wie in der Kirche sondern aus dem Herzen. Da wurde es Weihnachten in meinem Innern und der Sohn Gottes wurde sozusagen in meinem Herzen geboren. Vieles veränderte sich dadurch. Hass und Zorn verschwanden, genauso selbstsüchtige Lüste und der Drang nach Ansehen vor den Menschen. Ich bekam einen inneren Frieden und Freude. Zudem erwuchs eine Liebe zu Gott und zu den Menschen. Das waren meine ganz persönlichen Weihnachten!

Ich hatte lange Zeit keinen Menschen in meinem Umfeld, von dem ich wusste, dass er die gleiche Überzeugung teilte.

Nun hatte ich aber noch ein intellektuelles Problem: meine neu erlebte Realität passte nicht mit der Evolutionstheorie zusammen, von der ich so überzeugt war! Einmal war ich auf dem Weg zu einer Buchhandlung und versuchte in Gedanken irgendwie den Schöpfungsbericht der Bibel mit der Evolution zusammen zu bringen; aber ich fand keine befriedigende Lösung.

In der Buchhandlung entdeckte ich dann in einem Korb, in dem verschiedene Bücher waren, eines von einem Prof. Dr. Dr. Dr. A.E. Wilder-Smith, einem englischen Naturwissenschaftler und Pharmakologen, der über die Herkunft des Menschen und des Lebens schrieb. Er legte dar, dass die Fakten der Naturwissenschaften nicht mit einer Evolution übereinstimmten, sondern ganz im Gegenteil die grundsätzlichen Gesetze der Physik, Chemie und Biologie dieser direkt widersprechen.

Ich hatte selbst genügend Kenntnisse der Chemie, insbesondere der organischen Chemie über den Aufbau und Funktion der Zellen und komplexer Lebewesen, um zu erkennen, dass eine spontane Lebensentstehung und Höherentwicklung unmöglich sind!

Das Leben einer Zelle oder ganzer komplexer Organismen, wie wir Menschen es sind, ist nicht nur ein hochorganisiertes, superdynamisches Gebilde, sondern steckt voll Information auf verschiedenen Ebenen. Genau dieser Faktor «Information» fehlt bewusst in der Evolutionslehre, denn dies würde eine Informationsquelle - sprich eine intelligente Person - voraussetzen, die alles ausgedacht, geplant und mit Energie und Materie realisiert hat.

Die meiste Zeit bei meiner Arbeit im Labor war und bin ich mit der genetischen Substanz, der DNA, beschäftigt.

Die DNA in der Zelle ist die Trägersubstanz, auf der hochkomprimierte Information gespeichert ist. Die Abfolge der vier chemischen Buchstaben ist nicht zufällig, sondern enthalten codierte Informationen für die Herstellung der Proteine und regulatorische Elemente. Die Information auf der DNA im Zellkern ist wie eine Bibliothek mit Tausenden von

Büchern, in der die Rezepte für die Herstellung der vielfältigen Proteine aufgeschrieben ist. Es wurde mir völlig klar, dass eine hochintelligente Person diese Information programmiert haben muss.

Ich selbst habe nicht nur codierte DNA neu zusammengesetzt oder Mutationen eingefügt, um in Zellen oder Mäusen bestimmte Auswirkungen zu testen, sondern habe auch selbst kurze DNA selbst hergestellt. Dazu kann man nicht einfach die chemischen Buchstaben zusammenmixen und man erhält die gewünschte DNA. Ich muss die Abfolge vorher festlegen und dann geht die Zusammensetzung Schritt für Schritt voran; damit nicht Fehler unterlaufen oder ein Abbruch verursacht wird, müssen auch immer wieder «Schutzkappen» angebracht und wieder entfernt werden. Um ein Stück DNA herzustellen, braucht es nicht nur reine Chemikalien, sondern Planung und informationsgelenkte, schrittweise Ausführung!

Am Anfang vom Johannes-Evangelium steht: (Joh. 1,1-3)

«Im Anfang war das Wort, und das Wort war bei Gott, und das Wort war Gott. Dieses war im Anfang bei Gott. Alles wurde durch dasselbe, und ohne dasselbe wurde auch nicht eins, das geworden ist.» Für das Wort «Wort» steht im griechischen Urtext «Logos».

Mit anderen Worten: Am Anfang war die Information, die von einer intelligenten Person stammt und die in einer Dimension ausserhalb von Raum und Zeit wohnt!

Das passt exakt mit der Realität überein - ganz im Gegensatz zur Evolutionslehre, die kein Mechanismus kennt, um wirklich Neues hervorzubringen; sie erklärt nur die Auswahl von schon Vorhandenem!

Die Bibel enthält die Geschichte vom Anfang bis zum Ende; sie ist nicht ein Märchenbuch, ein Mythos oder nur moralische Lehre, sondern sie gibt uns realhistorische Berichte!

Zu erkennen, dass der Schöpfer des Himmels und der Erde hinter den Schriften der Bibel steht, war und ist für mich wie der hellleuchtende Weihnachtstern am dunklen Nachthimmel!

Evangelium nach Johannes 1, 1-5:

«Im Anfang war das Wort, und das Wort war bei Gott, und das Wort war Gott. Dieses war im Anfang bei Gott. Alles wurde durch dasselbe, und ohne dasselbe wurde auch nicht eins, das geworden ist.

In ihm war Leben, und das Leben war das Licht der Menschen. Und das Licht scheint in der Finsternis, und die Finsternis hat es nicht erfasst.»